的

旗袍，

你的花樣年華

柳迦柔 著

 序一

　　漂亮不為誘惑誰，只為呵護美，我認為旗袍的美，也是一樣在於懂得欣賞。

　　從小就對旗袍情有獨鍾，也因旗袍的魅力就在於它能迎合不同年齡的女人。尤其是多變豐富的盤扣下鎖著我少女的情愫，貼身的剪裁一寸一釐間呈現我婀娜多姿的舉止，及膝的開叉，動靜之間若隱若現，讓我的性感就在色與戒之間遊走⋯⋯引人遐想。

　　而我，前世是個如何的女子呢？我想旗袍一定是我前世的情人，今生我遇不到正確的他了，唯有旗袍溫暖我的每寸肌膚。我沒有情敵，因為我一直和旗袍談戀愛。

　　這個多變快速的時代，連靈魂都趕不上自己的腳步，我們更要學會靜下來，內觀自己！我覺得女人一生要交二位朋友，一個是茶，人生的沉浮如一盞茶水，經歷過沖泡後的回甘，而我總會給自己一盞茶的時間來面對自己內心世界，並讓自己慢下來，內省自己；一個是旗袍，她作為一種女人的專利，她貼

合著女人的每一處線條，並恰到好處的欲露還羞⋯⋯都將東方女性的柔美性感襯托到了極致，所以我說旗袍是件魔塑衣！這就是心似旗袍，茶似心。

　　有幸受邀為這本等待已久的旗袍專書寫序，感謝這樣美好的預見！希望透過一件旗袍的緣分，女人有了靈性，而旗袍有了靈魂——寫於首屆台灣旗袍女王春晚大賽之際。

世界旗袍聯合會　台灣總會會長

張莉緹

序二

　　於我而言，旗袍是一種精神，是一種審美，是一種生活方式。

　　我是二十多年前開始迷戀旗袍的，說迷戀一點不為過。因為職業的緣故經常要登上舞臺，那些大方、素樸、端莊的旗袍便成了我主持晚會、大型活動的不二衣選，為了買到最好看的旗袍，我經常要跑到北京找一些有品質的旗袍店訂製美衣。那時候，每次訂製旗袍都帶著近乎於朝拜的心情。記得當時一位設計師曾對我說：「你的選擇是對的，老祖宗留下的服裝不會錯的。」這句話到現在仍然記憶猶新。

　　二十多年來，旗袍一直存在於我的生活、從未遠離，衣櫃裡的旗袍不斷充實、更新。那些年輕時穿過的旗袍一直用心保存著，偶爾穿著一樣驚豔，那些隔著時間跨度的旗袍成了過往歲月的記憶和寶貴財富。那些新買的旗袍也越來越少、越來越精，這種審美瑕癖，讓求美的心不斷得到慰藉和滿足。

　　旗袍一直芬芳於我的生活，增添了我衣著的儀式感。正式

場合、重要活動、喜慶節日……它用柔軟和美，包裹著我的執念，綿綿不斷地帶給我無窮的能量和熱情，記錄了一段又一段和美有關的小時光。

我喜歡旗袍的風格，典雅、高貴、莊重，它以不變應萬變的優雅，帶著絲絲古意、中式性感，鼓勵著我接納並不完美的自己。「時尚易逝，風格永存」，旗袍的風格歷久彌新。

我傾心旗袍的講究，這種講究讓我的衣品有了底線和安全感。質地考究的面料和精美用心的設計、手工，都有著溫柔的味道，讓每一次和它的邂逅都充滿內心的愉悅和從容。

旗袍教會我克制，這種克制很珍貴。我們要控制體重、保持體型，我們要不慌不忙、不動聲色，我們舉手投足要有美感有分寸等等，這種自我的尊重一直讓我受益匪淺。

旗袍更教會了我善和美，它鞭策我們不斷追求生活品質和生命品質，它告訴我們內心的善良和豐盈會讓每一件旗袍都有了靈魂，它也提醒我們要不能灰頭土臉，要時刻散發光芒，要愛生活、愛自己……

今天我懷著熱烈的心來推薦這本美書，因為旗袍，因為友情，因為迦柔。同為女人，我相信我可以聽懂柳迦柔對旗袍的深情耳語。對她的感性、細膩、酣暢的情感我能夠感同身受，她字裡行間的氣度和學養同樣可以滋養豐富我。

同樣愛旗袍的你，願我們在這本書中相逢、相知、彼此照亮吧！

瀋陽廣播電視臺

楊松

 序三

　　有人看見你從秦皇漢帝的王宮走來，有人看見你從滿清貴族的深院走來，有人看見你從民國初年的風雲際會走來，有人看見你從改革開放的世紀更迭走來。你向我們款款走來──婀娜多姿，活色生香，亭亭玉立，婉約清爽。

　　你走來一路芬芳，既古典又時尚；你走來一路陽光，既西洋又東方；你走來一路花雨，既江南又塞北；你走來一路湖光，既淡抹又濃妝。你有千姿百態，你有萬種風情，你似百變美人，你如九曲迴廊。

　　然而，我還是固執地認為，不是誰都能走近你的清蓮孤芳，更不是誰都能走進你的冷梅暗香。

　　在我眼裡，你只屬於百年前的十里洋場，你只屬於江南岸的長長雨巷，你只屬於宋氏三姊妹的精神蘊含，你只屬於張愛玲和林徽因的文化典藏。

　　那就先翻開這本美輪美奐的書吧，那就先種下這朵心生心長的花吧，美月配嫦娥，美人配霓裳。

　　在這個世界上，一切美好的事物都是由內而外的展現，都是心靈與肉體的協調，氣質與外貌的平衡，修養與服飾的重光。

　　暫且放下面料和式樣，暫且離開舞臺和音響，靜下心來慢慢閱讀好好修養，在羽化和涅槃的過程中，漸漸成為一個清蓮潔白的你，一個暗香浮動的你，一個走進孤山的你，一個走出雨巷的你，這才是名副其實的美麗，這才是恰到好處的秀場，這才是自然生動的曲線……

　　這，才是旗袍女人的淡雅馨香。

瀋陽廣播電視臺
傅蓉

 序四

　　中華女性最美的地方就是在旗袍的包裹之下儀態萬千，如今越來越多的女性已經認識到旗袍是傳統服飾中的精華。一襲青衣，染就一樹芳華；兩袖月光，訴說絕世風雅。行走在芳菲的流年裡，身著旗袍的女子，那份東方神韻，宛若古典的花，開放在時光深處，不隨光陰的打磨而凋謝，永遠是一道靚麗的風景。

　　一尺一剪，裁製成熨貼靈魂的輪廓；一針一刺，繡上了真心實意；一針一線縫，進去綿綿細膩的情絲。

　　旗袍，就是女人對過去的美好回憶。

　　旗袍之於女人，是一種需要歲月去沉澱的美，時間到了，氣質也就到了……

　　感恩生活賦予我的一切，十多年來潛心研究旗袍事業的傳承與創新——對於我來說，這是一份很神聖的使命。身邊有越來越多的知性女友已經愛上了旗袍，品味旗袍，感受旗袍的美，它代表了東方女性含蓄、婉約、優雅、內斂通融的性格和

品質。

　　東方女性穿旗袍最具中國特色的知性美，於是，懷著滿心的歡喜，期待著迦柔姊的美書。

　　　　　　　　　　聖贏文化服飾定製創始人、董事長
　　　　　　　　　　　　　　　　　　　章愛君

目次

序一　張莉緹／002

序二　楊松／004

序三　傅蓉／006

序四　章愛君／008

前言／014

第一章　　**濃縮歷史與審美──旗袍的內涵**

　　　　　旗袍變身記／018

　　　　　名媛愛旗袍／029

　　　　　旗袍也時尚／036

第二章　　**服飾裡的當家花旦──女人最愛是旗袍**

　　　　　01・說不盡的花樣年華──旗袍的款式／046

　　　　　旗袍的長度／046

　　　　　旗袍的領子／051

　　　　　旗袍的開襟／053

02・小細節大傳統——旗袍的構成／056

旗袍的盤扣／056

旗袍的緄邊／060

旗袍的鑲邊／065

旗袍的開衩／066

旗袍的領口／068

旗袍的袖口／070

03・各花入各眼——旗袍的質地／072

旗袍的面料／072

旗袍的色彩／076

旗袍的花色／079

旗袍的刺繡／083

旗袍的製作／087

第三章　　**一顰一笑總關情——穿出旗袍的服飾美**

01・和風細雨纖纖體——旗袍與形體／096

旗袍與身材／097

旗袍與體型／101

02・儀態萬千顯端莊——旗袍與相貌／103

旗袍與臉型／105

旗袍與膚色／106

03・雍容典雅靜如蘭——旗袍與氣質／108
旗袍與氣質／111
旗袍與個性／112

04・款款風情看盛裝——旗袍與衣飾／114
旗袍與洋裝／114
旗袍與外套／116
旗袍與大衣／118
旗袍與長褲／119

05・點點妝奩配盛裝——旗袍與配飾／119
鞋子的選擇／121
項鍊＋耳環＋胸針的選擇／122
手鏈＋手鐲＋手包的選擇／128
披肩的選擇／134
適宜的髮型／136
妝容與搭配／138

第四章　腹有詩書氣自華——生活中的旗袍

01・步步精心——旗袍禮儀／144
日常生活裡的旗袍／145

職場歲月中的旗袍／148

婚慶場景裡的旗袍／151

聚會酒會時的旗袍／154

02・旗韻生香──旗袍文化／156

旗袍與讀書／156

旗袍與藝術／158

旗袍與休閒／166

後記／177

推薦語／181

推薦人／186

目次
CONTENTS

前言

　　一生中總要穿一款屬於自己的旗袍，當編輯將這個題目發給我的時候，為這些專業的編者感喟：這個題目太讓人喜歡了！真的，生活中哪一位女子不願將自己打扮得美麗動人？哪一位女子不願自己珍藏一款最美的旗袍呢？

　　當心中的理想與現實的生活相對照的時候，有人能實現自己的理想，也有人在理想的邊緣徘徊。那些或有或無的對美的嚮往，讓女子們下定決心去追求。服飾帶來的美，在諸多的理想中最容易實現，尤其珍藏一款自己喜愛的旗袍，最容易讓人們獲得視覺與心理上的滿足。

　　在職場中穿慣了職業裝，內心對充分展示女性特質的旗袍有一種渴盼。如果能在日常生活中也常常穿著旗袍，那該讓人何等興奮！緣於家族文化，我常常在璽贏服飾訂製正式旗袍，也會收藏介於傳統和現代之間的改良旗袍：長及腳踝，顏色柔和，看起來飄逸、靈動，在職場的藍與黑中顯露出與眾不同的氣質。將閒適的美融入職場，工作起來也更輕鬆，好像在對自

己說：「嗯，我不是在工作，而是在演繹一種生活的方式。」不妨嘗試一下，整個身心都會很振奮。

　　源於對旗袍的喜愛，又長期觀察和思考身邊的女性朋友們的服飾與生活，我寫下了這本書。從旗袍的演變到旗袍的款式，從旗袍的構成到旗袍的質地，從旗袍對形體的要求到旗袍與配飾的搭配，從旗袍禮儀到旗袍文化，用通俗的文字對旗袍進行了演繹。沒有華麗的語句，沒有虛偽的掩飾，真誠的態度和真實的想法躍然紙上，其間涵蓋了服飾與色彩的美學，傳統與時尚的韻律，復古與超前的理念。

　　期待讀到這本書的朋友，加深對旗袍文化的理解，更加喜愛中華傳統服飾，為本已精彩的生活增加更多的情趣，為曼妙華彩的人生增添更多的底蘊。

柳迦柔

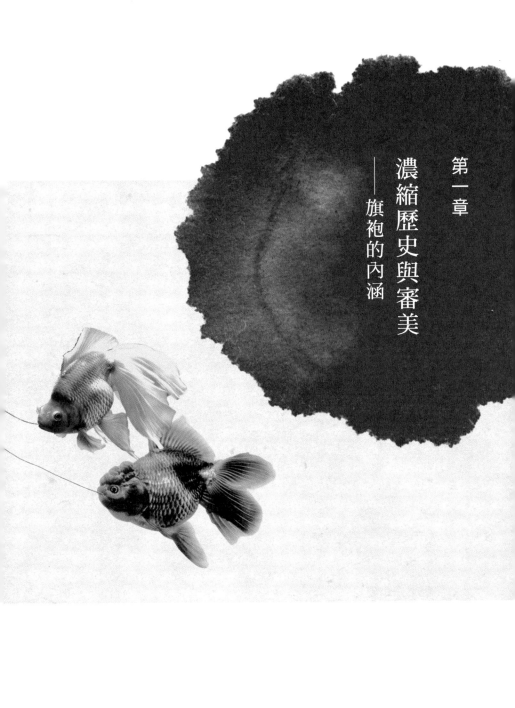

第一章

濃縮歷史與審美
——旗袍的內涵

很多人在不斷地探究歷史文化，其實，歷史文化不僅在山水與人文之間，更有服飾文化的變遷。旗袍，從古代衣飾演變而來，經過不同朝代對服飾的改觀，至清代末期形成現在旗袍的雛形，再到民國時期旗袍的改良，旗袍不僅將每個朝代人們對服飾的喜好展現出來，更讓後世經由對它的研究，更深入暸解了當時人們的生活。在此基礎上，無論是學術探討還是民間談資，都更加富有意義。所以，旗袍服飾的發展，也代表著時代的變遷。從人們對旗袍的喜愛可以看出，無論生活富裕還是困頓，人們對美的追求始終沒有停止過。而且服飾的潮流總在輪迴，一九三○年代的時尚女性穿洋裝，如今的時尚女性與之相反，又穿回了旗袍。

旗袍變身記

　　關於旗袍的演變，有很多說法。有人說，旗袍是從清代服飾轉變而來的；也有人說，自上古時期，人們的衣著就有了旗袍的雛形，眾說紛紜，各執一詞。有說法道，旗袍是清代的袍服變更，還有說法認為旗袍是由清代滿族婦女所穿的袍服演變

而來的，這一點筆者深信不疑。為什麼這樣說呢？筆者的身邊就有足夠的依據，筆者家的愛新覺羅氏，祖奶奶、太奶奶幾輩人都是穿著旗袍長大的。一個家族對服飾的鍾愛，也代表了整個朝代女子服飾的風尚，折射出旗袍的變更歷程。所以，旗袍做為一種正式服裝，在清代的時候就受到人們的重視。

一幅清代慈禧太后的畫像裡，人們可以看到慈禧太后穿著的壽字紋旗袍，就是做工非常精緻的一款旗袍。雖然下擺是肥大的，上邊是倒大袖，但是做工很精美，色彩比較豔麗，符合慈禧太后的皇家身分。普通的平民女子日常裝扮也穿著旗袍，但是她們的旗袍進行了改良，比如漢族女子的旗袍就改成了帶大襟的款式，這樣勞動的時候比較方便，平時穿著也比較舒適。

如果追根溯源，從旗袍服飾的發展變化中，可以看出中華傳統服飾的演變過程。從歷史上春秋時期和隋唐時期的服飾變革，到宋明時期服飾的發展，都對後來服飾的演變產生了推動的作用。不管是滿族還是漢族的服裝，甚至包括西式服裝，都經過融合之後逐漸進行了演變。很多研究服飾的學者，曾經將現代的服飾定義為從清代的服裝演變而來，《滿族研究》二○一五年第三期發表過曹萌、馨閱的文章〈滿族旗袍的審美文化研究〉，強調「滿族旗袍在其生成和發展過程中積澱了多元的滿族歷史文化元素，凝聚了眾多的滿族審美文化特徵；隨著時代發展，其藝術的素質和符號感得到不斷的強化與增加，以至今天，旗袍依然能夠延續其獨特魅力和生命力。」由此可見，清朝的服飾對中國服飾變革的影響很大。其中最明顯的，莫過

於旗袍這樣一種深受女子喜愛的服飾。

　　儘管學者對旗袍出現的具體時間各執一詞，但是為了寫作這本書，筆者進行多個層面的考證，本人更加認可的結論是：旗袍是從清代的袍服演變而來的，到了民國時期有了進一步的發展。經過能工巧匠的演繹，旗袍從最初的形式進行不斷的演變，呈現出不同的款式、不同的花色，同時在面料和做工等方面也精挑細選，尤其在款式上下了很多功夫，進行無數次的更新。又經過海派和京派旗袍的發展融合，使得旗袍有了更多、更美的款式，顏色更加協調、柔和，又加上不同的做工，使得旗袍這一服飾變得越來越受女性的青睞。

　　其實，最早的旗袍可以追溯到中原地區和少數民族地區的文化交融，少數民族的袍服傳入中原，被漢人所接受，並發展成大眾的服飾，成為服裝中的一朵奇葩。無論是在當時的服飾潮流中，還是在現代人們的服飾愛好中，旗袍都可謂獨領風騷。

　　從清代女子的袍服到民國女子的時裝，時代的發展，審美情趣的提升，都使得旗袍這一服飾變得更加雅致。從而可見，無論哪一個時代的女子，都發自內心地對美有著一種尊崇，注重儀表的女子，擅於把自己妝扮得更加秀麗，在時代的潮流裡，永遠引人注目。尤其是那些大家閨秀，她們更是注重從著裝上展現出自己的身分，所以對旗袍的改觀會更加關注。從旗袍的做工到旗袍的裝飾，從旗袍的細節變化到旗袍整體的升級和改良，其實都是她們推動的結果，如此，才能不斷滿足她們對美的追求。

　　最具代表性的當屬親歷時代更迭的清代宮廷貴婦和嬪妃們，她們喜歡穿著的旗袍，已經越來越趨向於簡潔和簡單化。末代皇后婉容曾經有一幅照片，身上的旗袍雖然寬鬆，卻頗有點像今天某些店裡正在銷售的款式，或是在高端服飾店裡訂做的旗袍款式──肥大的袖子，長及腳踝的裙裾，雖然是簡單的版型，看起來卻非常時尚，又充滿了現代感，完全不像百年前宮廷女子的裝扮。

　　如果要從特色上進行劃分，清初滿族的旗袍一般都是圓領、寬袖，前襟、領口和袖口都緄邊，那個時候的旗袍因為不收身，開衩也不明顯。到了清代中期，旗袍變得更加寬大，立領也提高了一些，有大襟，而且直襟連到下擺處。清朝後期，旗袍已經變得非常寬肥，下擺也更加渾圓，兩側有開衩。到了清末，流行上半身穿著元寶領的大襖，下半身穿著百褶裙，就像我們看到戲劇中女子的穿著，有很多都是這種風格的衣裙。民國初期，尤其是年輕的女子，都喜歡穿著新款式的短襖，小立領，有盤扣。到了一九二〇年代出現了馬甲旗袍，所謂的馬甲旗袍就是過膝的長馬甲，馬甲的領口與旗袍相同，只是少了兩隻袖子。這款馬甲取代了長裙，又逐漸經過改進，成為帶袖子的旗袍。

　　清代中期，除了漢族女子家居的時候不用穿旗裝外，不分男女也不分滿漢，人們都穿旗裝。後來，旗袍的袖口開始有了不同的變化，袖口變得寬大，當時這種寬大的袖口叫作倒大袖。即使在今天，筆者本人也喜歡寬大袖口的旗袍，寬大的袖口穿著寬鬆、舒適，深受女子們的喜愛。那麼，當時的旗袍除

了大袖口之外，還有哪些特點呢？那就是旗袍的開衩部分。旗袍與裙子不同，不是全封閉的裙型，在社會發展到一定程度時，為了方便生產和生活，旗袍有了開衩。從不開衩到開衩，對於旗袍來說是一個新的發展。

起初的帶袖旗袍，從典型的倒大袖、裙子沒有開衩，發展成有立領和斜大襟、有收腰且兩側有開衩的旗袍。旗袍經過發展，從寬大到緊身，從呈現圓筒形的腰身到襯托出女性的楊柳細腰，在長度上也從垂直下擺到長及地面。這一時期的旗袍，在外部線條結構上變得更加簡潔而生動，除了收腰、高立領、有斜襟之外，旗袍也有了暗扣，更注重美觀。

旗袍從雛形到流行，主要是民國初期在款式上有了新的提升。儘管當時的人們飽受戰亂，但是隨著時代的更替，人們的生活方式也有了很大的轉變。隨之而來的，是服飾的改觀，這不僅展現在旗袍的款式發生許多變化，更在面料和其他細節方面都有了一些改變，比如：旗袍的領口、旗袍的袖口、旗袍的開襟、旗袍的開衩、旗袍的長短等等。這些旗袍本身的不同變化，都對旗袍的整體演變產生了一定的促進作用。

說到旗袍的演變，不能不提到面料的改觀。清代中期，對於老百姓來說，多是以棉布做為旗袍的面料；發展到民國，就不僅僅局限於棉布，還出現了錦緞和絲綢等材質。從面料的發展可以看出人們的審美情趣不斷地提高，對旗袍的要求也在進一步的提升。從最初的大鑲邊、無緄邊到後來旗袍的窄鑲邊、有緄邊，旗袍的做工變得更加簡潔。現代的很多旗袍都不帶鑲邊，有的保留了緄邊的工藝，有的緄邊也不再保留，而是趨向

於今天的連衣裙款式，簡潔程度更加提高。

從清代的花盆底鞋到後來的高跟鞋，在搭配旗袍的其他服飾方面也彰顯出時尚的變遷。從一九二〇、三〇年代的圖片上看，那個時候就已經流行小嘴鞋。對於小嘴鞋，我一直以為是最近幾年才流行的一種款式，然而那時人們已經把小嘴鞋與旗袍搭配在一起，穿出了別樣的韻致。如果在旗袍的領口外再搭配一條項鍊，無論是珍珠款還是金質款，更能搭出時尚的效果。

從一九三〇年代開始，隨著上海成為時尚的中心，上海的名媛們對服飾的要求也越來越高，展現在對旗袍的改良上。長度可與長裙媲美，下擺及地，與歐式長裙一樣，使穿著的女子看起來亭亭玉立。更加明顯的特點則是開衩露出了腿，曲線更柔美，款式更簡潔，一直沿襲到今天，也不過時。

一九五〇年代的旗袍，兩側有開衩，前襟和袖口處都有一些裝飾，比如刺繡或者花邊等。六〇、七〇年代，隨著服裝的「革命」，女子們都穿著制服或者普通的小翻領上衣，幾乎看不到穿裙子的女子，更別說穿旗袍了。到了八〇年代，隨著改革開放，經濟騰飛，人們的生活水準逐漸提高，旗袍逐漸開始回歸。最初因為出行的方便，流行的是短款旗袍，及膝或者過膝，兩側都有開衩，將古典與現代相融合，成為一種風潮。

一九九〇年代，旗袍開始逐漸流行，及至現在，旗袍服飾經過各種演繹，在原有基礎上又進行多方面的改良。比如在領口和袖口以及開衩等細節處，都與之前有所不同。吸收了從西方的宮廷服飾到收腰式洋裝的特點，旗袍讓女子的曲線美表現

得更加玲瓏剔透，同時也突破了中式古裝的傳統特色。旗袍的領口和袖口還出現鏤空圖案，水滴領和無領旗袍也開始興起，水滴領的出現，彰顯了旗袍更加現代的氣質和美感。開衩有了高低之分，在開衩的位置要求上不再拘泥於傳統的數字——腰以下三分之一處。

大眾傳播媒介中對於旗袍的華美呈現，讓旗袍這一服飾有了更多的演繹方式，成為人們最喜愛的一種禮服。很多著名藝術家和文藝工作者，都會選擇穿著旗袍站在舞臺上。近年的春節和許多大型晚會，主持人和演員們多是以旗袍為主要的演出服飾，無論是純色的旗袍、花色的旗袍，還是刺繡的旗袍、印花的旗袍，都讓主持人更添魅力。旗袍，已經成為一種廣受認可的正式服裝，尤其經過精工設計製作的旗袍，已然成為女子的最愛。

無論哪一個時代的女子都愛美，旗袍的精緻做工，可以給穿著它的女子們帶來一定的自信，也給她們的形象加分。所以，在發自內心地喜歡旗袍的同時，她們也相互比較著，看誰的衣飾更漂亮。在這種比較中，旗袍不斷地進行改良，於是，旗袍隨著時代和人們的需求不斷地更新和改變。

從旗袍的演變中可以看出，旗袍的變化不僅是服裝服飾的變化，也是人們生活方式的變化，更是人們審美情趣的變化。這種涉及生活多方面的變化，可以說讓旗袍充滿了內涵。

名媛愛旗袍

旗袍韻味優雅，贏得了女子的喜愛，不僅源於旗袍的風采，更展現在旗袍一經穿著在女子的身上，更彰顯出女子的身材，也讓人們看到了女子的一種美。名媛與旗袍，就像兩生花，互相輝映。

從宋氏三姊妹對旗袍的喜愛中，可見一斑。宋氏三姊妹不僅在年少時就穿著質地優良、精工製作的旗袍，即使走出國門，在穿著長裙的西方女子面前，仍然穿著旗袍。因美麗的妝容和獨特的旗袍衣飾，宋氏三姊妹給異域的學友們留下了深刻的印象，她們的旗袍就是校園裡一道亮麗的色彩。她們成年後，在砲火紛飛的抗戰時期，三姊妹曾經穿著旗袍去前線慰問官兵，在前線將士們清一色制服的氛圍裡，她們的內斂、沉穩與親和，影響和激發了熱血男兒為國而戰的信心。

在特定的場合裡，一個人的魅力不僅展現在內在的氣質上，外在的裝扮也發揮了重要的作用。我們在觀看民國題材的影視劇時會發現，其中飾演母親角色的人物造型，幾乎都穿著旗袍。雖然歷久經年，每當回憶起過去的時光，腦海中浮現出的母親形象，總是那個穿著旗袍的女子。

雖然宋美齡沒有機會成為母親，但是她穿著旗袍的形象，卻給人們留下極為深刻的印象。據說，宋美齡曾經有幾十箱私人收藏的旗袍，這充分表達了她對旗袍的喜愛。臺灣的博物館曾經展出兩件宋美齡的旗袍，長袖、立領，領口、袖口和雙圓襟都鑲有緄邊。這兩件旗袍，一件黑底白點、中袖收身，一件

紫底銀花、長袖寬鬆，兩款旗袍雖然距今年代久遠，但能看出旗袍的面料質地非常考究，領口和盤扣更趨經典，讓觀者體會到中華旗袍傳統的美。雖然顏色不同，款式卻都不過時，即使在今天，面料也是非常有水準的一種。上海宋慶齡故居的「再現芳華——宋氏姊妹及其親屬旗袍展」，展出一件宋美齡的黑色旗袍，精緻的做工，樸實中的華美，給參觀者留下深刻的印象。在上海國際服裝文化節舉辦的「名媛薈經典旗袍秀」中，就有一件宋美齡女士當年穿過的黑色旗袍亮相展區，吸引許多時尚女性的零距離欣賞。南京博物院也曾展出過百年旗袍秀，宋美齡等名媛珍藏引發了喜愛旗袍的女性的關注。儘管在歲月的長河中流逝經年，卻仍保存完好，代表旗袍的質地是絕對的上品。

因為電視劇《人間四月天》，林徽因成了眾人心中的女神。一個多才的女子，襯上那款曼妙的旗袍，便有了更加獨特的、吸引人的地方，「太太的客廳」之所以吸引當時的青年才俊，與她獨特的服飾裝扮也不無關係。

林徽因不僅在建築學和文學方面卓有建樹，在服裝設計上也表現出驚人的才能。無論過去還是現在，除了擔任時裝設計師的女性外，還有幾位新娘能夠為自己設計新婚禮服呢？林徽因這個奇女子卻做到了這一點。據說她結婚時穿的旗袍就是她自己設計的，不禁對她這位著名的建築大師更多了一絲喜愛。在那張經典的照片上，林徽因穿著帶鑲邊的中式服裝，除了改良款的旗袍，還能是什麼呢？在報刊及網路等媒體留下來的照片中，但凡有林徽因出現的場景，都可以看到她與眾不同的服

飾。那些衣飾即使在今天穿出去，款式也不會過時。林徽因穿著旗袍的美麗身影，還活躍於建築、文學及翻譯幾大領域，成為一個時代的印記。

名作家張愛玲也喜愛旗袍。在那張最著名的照片中，她穿著中式短襖——高高的領口，細瘦的腰身，鑲著寬邊，合體的剪裁，襯托出修長的頸項，這是張愛玲非常經典的一張照片，展現出她纖細的身材，透露出質感和她與生俱來的美，讓更多人對張愛玲產生遐想。無論喜愛她的作品還是她本人，都讓人們覺得，她有那麼多的故事。她的神祕，也讓人們在讀到她的作品時，產生了無數的遐想。在她的作品中，她也寫到很多跟旗袍有關的故事，主角穿著旗袍的不同風采，在張愛玲的筆下也進行了多次的描繪。《傾城之戀》中的白流蘇，《半生緣》裡的顧曼楨，不同的女子穿著式樣各異的旗袍，演繹出末世中驚豔的風采。

因「人言可畏」而香消玉殞的女神阮玲玉留下很多照片，幾乎每一張照片中，她都穿著合體的旗袍，那些曼妙的旗袍在她的身上穿出了風采。雖然她的經歷難免讓她表情憂傷，但是，儘管在世人面前展現出無限憂愁，也未減去穿在身上的旗袍風采，更讓人們記住了她。她短暫的一生參演影片數十部，飾演過許多不同的角色，不論是農村少女、女工、女作家，還是交際花、歌女、妓女等，都塑造得無比真實，得到那個時代人們的肯定。在出演這些人物時，所處的時代正是民國時期，女子們典型的代表服飾就是旗袍，阮玲玉的苗條身軀被旗袍包裹著，不同質地，不同面料，戲裡戲外，她的服飾都堪稱那個

時代女子的最愛，儘管女主角內心充滿憂鬱直至死去，她的形象與服飾的符號卻永久地流傳下來。

因為電影《花樣年華》中的旗袍，人們記住了張曼玉，當然，也記住了電影中的服飾。細心的人都會記得，張曼玉在這部電影中大約換了二十三件旗袍，先不說電影的劇情如何，單就二十三件旗袍而言，在短短的一個多小時的時間裡，就足以讓觀眾們感到炫目，即使你記不得劇情了，還會記得那些五顏六色的旗袍。彩色的旗袍襯托了女主角的美好心情，素色的旗袍代表著女主角的失落心緒，悲傷與寬慰，光鮮與暗淡，所有的內涵都因旗袍這一服飾而展現在觀眾的視野中和內心裡。電影結束，回味的瞬間，仍然記得的是旗袍，這就是服飾的魅力。從那時開始，筆者就對旗袍產生深刻的印象，原來旗袍是那樣的高貴，穿上旗袍的女子是那樣的優雅，讓人們覺得，女人穿著旗袍就穿出了高雅，展現了一個時代的美。

陳數飾演的《傾城之戀》女主角白流蘇，穿著旗袍的樣子讓人們再次回到老上海。陳數的旗袍讓人們為之傾倒，不僅因為她的身材、她的美貌，更因其看起來非常典雅，還有一種內斂以及從容和大度，因此吸引了無數的觀眾。陳數不僅面容姣好，身段也很優美，穿上旗袍的陳數，活脫脫就是那個年月的白流蘇。在電視劇《傾城之戀》中，陳數穿著的淺紫色鑲邊旗袍外搭孔雀藍毛衫外套，灰底藍花條紋旗袍外搭紫色鏤空毛衫外套，以及桃紅墨色鑲邊旗袍等，每一款都是精品，讓觀眾永遠地記住了旗袍帶來的視覺美。陳數的眼神中總是有股淡淡的憂愁，與旗袍雍容典雅的韻味融合，於美麗中流露出坦然而又

不卑不亢的人生態度，在戰亂中仍然追求著美好的人生。至今，我腦海裡仍然留有白流蘇的影子，分不清是真正的白流蘇，還是陳數。或許，正是旗袍的魅力，讓我們將現實與夢幻融為一體。

民國時期的電影明星，也會把旗袍進行更新和改良。明星們穿著的旗袍在那個時代也具有風向標的作用，就像我們今天在網路上買衣服，很多人說，「這個是楊冪款的，那個是趙薇款的。」當時的女子們也以那些明星的旗袍為藍本，比如蝴蝶的旗袍、周璇的旗袍、阮玲玉的旗袍，電影明星們的旗袍成為人們的最愛。

現如今，明星或名人穿著旗袍，更多的是彰顯一種態度和品味。董卿的美是沉穩內斂的，穿上旗袍，更富有內涵，無論主持詩詞大會還是春節晚會，即使當嘉賓評委，也能在流利的語言敘述中表露出與眾不同的氣質。於是我們可以相信，女子與旗袍互相烘托，美人配以旗袍，會增加美的內涵。

旗袍的美，有時無法用語言來表達，不僅有外在的美，還有一些內在的因素。由此可見，旗袍彰顯了一種風采，女子喜愛，男子尊崇。女子們穿上旗袍，便增加了富有內斂的美，於含蓄中流露出優雅，於沉穩中展露著寧靜。正所謂「名媛愛旗袍」，因為，旗袍給她們帶來了美的享受和昇華。

旗袍也時尚

很多女子的衣櫃裡，都會收藏幾件旗袍，有的是媽媽或者奶奶留下來的，有的是自己結婚時穿過的，有的是為某個重要的活動訂做的。有的，則僅僅是因為喜歡，收為自己的心頭好，即使身材發生了變化，也捨不得遺棄。把服飾穿出了情感，也是人與衣服的一種緣分。

一個時尚女性的衣櫃裡，如果沒有幾件旗袍，也許還搆不上成為專業級的時尚人士。對於大部分人來說，其實除了將旗袍完整地收入自己的衣櫃裡，還可以選擇將旗袍獨有的服飾特點融入時裝元素裡。儘管旗袍從清代服飾演繹而來，到民國又有了發展，但是現代的旗袍，不能不說其實已經成為一種風格類型了。時裝裡也湧入很多旗袍元素，讓女子們更加喜愛，比如那些高端訂製禮服，也對旗袍的特殊元素進行了吸收利用，如收腰、開衩、立領和盤扣等，這些都成為服飾中最亮麗的色彩。

旗袍及帶有旗袍元素的禮服總是出現在最盛大熱烈的場面中，比如喜慶節目的女主持人、出席晚宴的女企業家，她們都把穿旗袍當成一種格調。旗袍的款款風情讓女性曼妙的身姿更加搖曳，在帶動時尚潮流的同時，也將盛宴推向了高潮。

二十世紀末期，有條件的女子在婚禮上首先穿婚紗，然後會換上顏色鮮豔的西式禮服。現在則不然，女子在結婚典禮進入高潮的時候，會將潔白的婚紗換下，穿上大紅的旗袍。結婚時如果不選一件適合自己的旗袍，似乎在婚禮上缺少點什麼，

在婚禮上穿旗袍，已經成為一種時尚。新娘們一般都喜歡穿著過膝的旗袍，尤其喜歡穿著長及腳踝甚至曳地的旗袍。立領，也是新娘們最常選擇的旗袍款式，她們每一個人都把自己打扮得那樣漂亮，讓旗袍更凸顯出其韻味，也更增添美麗的風采。

不僅在婚禮上穿著，在日常生活中，時尚的女子也穿著旗袍。現代旗袍雖然遵循著傳統的規範，卻被時尚女子根據個人的喜好而進行不斷的改良。由於旗袍出現的場合不同，受眾人群也不同，旗袍因此發生巨大的變化。

旗袍的色彩，無論深淺還是花色，都融入了現代服裝的元素。在顏色上，搭配起來都是深淺適宜，濃重淡雅，而又相得益彰；在花色上，無論是暗花的旗袍還是刺繡的旗袍，都凸顯了女性的特徵，從端莊文靜的外表到完美無瑕的曲線，無不透露著大家閨秀的舉止和淑女的款款風情。

小清新適合青年學生，端莊穩重適合中年女性，老年女性也可以穿旗袍，更彰顯成熟的魅力。素色旗袍增加些許的幹練和沉穩，彩色旗袍展現出對生活和事業的美好嚮往，刺繡旗袍給人莊重和內斂的感覺。亞麻款的旗袍，穿著更舒適，適合外出休閒及活動；真絲面料的旗袍，因為透氣性好，適合炎夏穿著，尤其夏日裡姊妹間的聚會，可以將江南女子的端莊和軟聲細語表露得一覽無遺；刺繡的旗袍，將藝術感和現代感巧妙地融合在一起，讓旗袍更加雍容華貴，提升到更高的層次；織錦緞的旗袍，因色彩的華美，把古典和現代結合得相得益彰。

從古典的旗袍中，人們可以找到現代服飾的影子。比如，旗袍的收腰和下擺，旗袍的袖口不僅是單純的直肩袖，還有上

肩袖，這些都是現代服飾的元素。而現代服飾裡，則多方吸收了旗袍的特色，最明顯的就是衣服的領口。很多女式的大衣和風衣選擇旗袍式立領，讓人們看起來頸項修長，身姿挺拔，更凸顯了女性的身材優勢。

許多女士穿著的裙子，不管短裙還是連衣裙，下擺處都有開衩，不禁聯想起旗袍的開衩。將旗袍的開衩借鑑到現代的服飾上，給現代服飾注入了新的生機，動感更強，隨著律動的腳步，下擺變得更加飄逸。

在盤扣的使用上，現代服飾融合的內容更多。比如一款大衣，中間結出一朵大花，對開的花蕊，中間加上扣芯，原本是西式的服飾竟然與中式相結合，頓時成為亮點，吸引了人們的目光。如果說旗袍裡有現代服飾的影子，那麼，現代服飾中則傳承了旗袍中的某些內涵，或者說現代服飾在繼承傳統的同時，也在進行新的融合，將這項傳統不斷推陳出新。

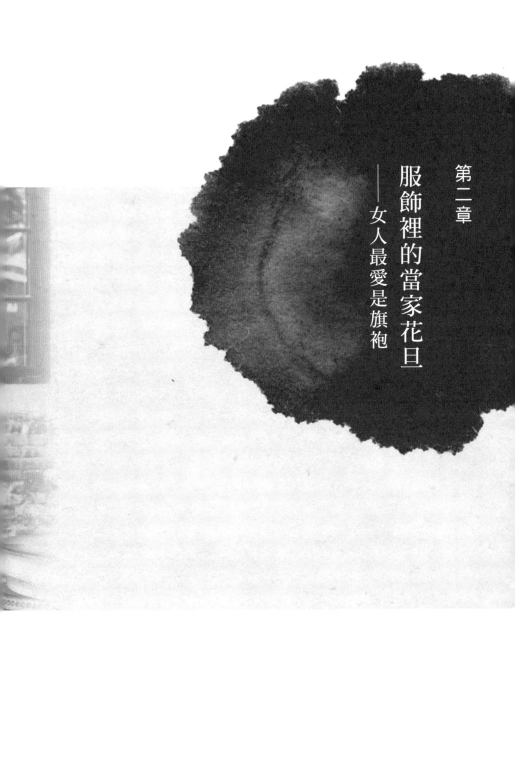

第二章

服飾裡的當家花旦

——女人最愛是旗袍

總有人問這樣的問題：究竟什麼是女人的最愛？其實這個問題一點也不難回答。除了情感與事業之外，女人的最愛是服飾。現實生活中，哪個女人不希望把自己打扮得端莊文雅、溫婉可人、受人矚目呢？

　　看慣了職場女性的堅強，有誰猜得到這些看似頑強的外表下，其實也包裹著一顆柔婉的心呢？在經歷滾滾紅塵後，離開職場的女子，更願意將自己打扮得溫柔賢淑，而不是讓自己看起來如鋼似鐵，莫不如讓自己脫掉鎧甲，而摘下面具後的女子，最好的調節辦法就是捕捉衣飾。

　　猶如萬花叢中最愛的那一朵，旗袍便是這浩瀚的服飾海洋中最精美的那朵浪花，只要懂得欣賞，就會讓自己愉悅而充實。選一款自己喜愛又適合自己的旗袍，是多麼讓人開心啊！我為衣狂，服飾花園裡，最讓女子們欣喜的註定是那款獨具風情的旗袍。

01 ◆ 說不盡的花樣年華 ── 旗袍的款式

旗袍的款式，就像人的一張臉。看人，無論多遠，一定是先看到那張臉；而旗袍，無論喜愛的程度有多深，一定是看款式。與所有的衣服一樣，不同款式的旗袍，為女子們帶來不同的欣喜；不同款式的旗袍，又讓人們由遠及近地接觸到了旗袍的美，從外在到內在，從表面到靈魂，把旗袍的內涵與神采在一瞬間流露得一覽無遺。

旗袍的長度

旗袍有長有短，要看穿旗袍的女子的喜好，或者根據實際需要決定其長短。有人喜歡穿長款旗袍，也有人喜歡穿短款旗袍，但是無論長短，旗袍不外乎三種形式：長款旗袍，或長及腳踝，或長過膝蓋；中長款旗袍，一般為及膝的長度；短款旗袍，一般在膝蓋以上，不及膝蓋，也有更短一些的。

不管長款旗袍還是短款旗袍，只要穿在女子的身上，都能展現出自己的特色。這些不同款式的旗袍，在製作的時候，裁剪和製作的工藝也各具特色。根據身高去選擇，按照適宜的長度去製作，完全出於旗袍訂做者的需求和審美的需要，長短的程度並沒有統一的要求。長款的旗袍，更加彰顯出一種古典韻味，看起來整個人會更加脫俗，適合身材修長的女子，氣質冷豔、動人。性情活潑的女子，適合穿短款的旗袍，便於活動，更將活躍的氣氛烘托出來。

　　很多關於旗袍的書裡，對旗袍的長短在款式和製作上都有不同的描述，個人對旗袍的長短有著自己的認識，即旗袍可長可短，但是不論長短，都要依據季節或者氣候、穿著場合以及穿著者的年齡或身材來決定。比如：初夏季節，氣溫適宜，適合穿短款旗袍，既便於活動，又會感到涼爽；春秋季或者初冬，要穿長款旗袍，既有保暖的作用，又給人飄逸的感覺。

　　對於年輕女性來說，穿著短款的旗袍看起來更加活潑，青春魅力四射。成熟穩重的女子宜選擇長款旗袍，由內而外散發出成熟的美，神祕又有幾分含而不露，舉手投足間吸引了眾多的目光。許多大型晚會節目的女主持人幾乎都選擇長款旗袍，讓她們看起來更加飄逸靈動，比如近幾年的央視春節晚會上，著名節目主持人董卿、周濤、朱迅、李思思，都穿著顏色柔和、剪裁得體的旗袍主持節目，給觀眾留下了深刻的印象。婚禮上的新娘，也往往選擇長款旗袍做為禮服，款款而來的萬種風情盡在一襲旗袍中，不經意間成為典禮的亮點。

　　其實，每位女子都會有一款自己喜愛的旗袍，不管喜歡長款還是短款，不管是刺繡的旗袍長款曳地，還是素色的旗袍短至膝蓋之上，長及至腳踝的旗袍有無與倫比的美感，短至膝蓋的旗袍雖不能完整地展現一幅刺繡圖案，但長短總相宜。因為旗袍無論長短，都能代表那個喜愛旗袍的女子對美的選擇和對美的需求。

旗袍的領子

　　說到旗袍的領子，不能不回憶我們曾經看過的很多歷史題材的影視劇，那些古人衣服上的領子，都是很有特色的。雖然關於衣領的記載不多，但是紛繁多樣的衣領註定會成為衣服上最重要的部位，沒有衣領，就像一棟住宅沒有入口一樣，可見領子的作用不可忽視。

　　旗袍的衣領就是從普通衣領演繹而來的，經過與旗袍衣身的其他部位和諧搭配，使旗袍成為一件完美的服飾。發展到旗袍服飾時，領子的變化已經不再單一，而是隨著時代的發展有了更多的花樣。旗袍有長短之分，領子也有高低之分。

　　旗袍的領子從高度來說，一般有高領、低領和無領等幾大類；從領口的形狀劃分則更加多樣，比如有圓領、方領、波浪領、水滴領、V字領以及元寶領等等，不同的領型根據領口的具體形狀而命名。除了上述領型外，還有一種領型，被稱作「鳳仙領」。很多人都看過《小鳳仙》這部電影，在片中小鳳仙穿的衣服領子是高領中的小翻領，這種領型就是鳳仙領。民國初期，鳳仙領是一種比較新潮的領型，為當時許多女子所喜愛。

　　不管是哪一種領子，都像旗袍的門戶一樣，為旗袍的整體服飾美增添了魅力。低領讓女子的脖頸線條拉長，高領襯托出挺拔的身形，無領讓旗袍更加簡潔。同時，不同的領型，也讓旗袍的款式在變化多端中增強了美感，撐起了旗袍的門面。

旗袍的開襟

　　衣襟，是衣服的前大襟，是每一件衣服的核心，類似人體的心臟，沒有衣襟的衣服不能稱之為衣服，只能算作圍巾。與所有的衣服一樣，旗袍也不能少了衣襟。而旗袍的衣襟與普通衣服的衣襟不同，旗袍的衣襟是除去袖子之外，前邊的那一片。大襟被分開的部分，通常都稱為開襟。一般情況下，紐扣對開的，稱作對開襟；紐扣在左側的，叫左開襟；紐扣在右側的，叫右開襟。正規旗袍的開襟都從側面打開，因為個人的習慣，分為左開襟和右開襟。

　　如果按照開襟的形狀仔細劃分，旗袍的衣襟可分為以下十餘種款式：方襟、曲襟、圓襟、大圓襟、雙圓襟、單襟、雙襟、斜襟、中長襟、琵琶襟、如意襟等，從這些名稱中可以大致體會到開襟的形狀：開襟為方形的，稱作方襟；開襟偏圓形的，稱作圓襟；開襟向一側傾斜的，稱為斜襟；雙圓襟和雙襟，顧名思義，兩側都有開襟；琵琶襟和如意襟則更加形象，因之類似琵琶和如意的形狀而得名。

　　面對眾多的開襟，你究竟喜歡哪一種？一定要尊重個人的感受。不管選擇哪一種開襟，都能展現出自身的審美和穿著時的實際感受。個人最喜歡的是雙襟旗袍，原因何在？因為雙襟不僅亮眼，更給人均衡、端莊的美感。年齡稍長和具備一定資歷的女子在參加活動時，通常喜歡穿著雙襟旗袍，其次喜歡中長襟旗袍。這款旗袍低調、內斂，從領口至腰肋處，有一道不很明顯的弧形，將胸部避開，延伸至腰部，與普通襟形有著明

顯的差異，又因為不對稱而獨具特色。建議愛美的女子，一定要收藏一款中長襟旗袍。

與雙襟和中長襟旗袍具有同樣特色襟形的，要數雙圓襟旗袍，這款襟形的旗袍讓穿著的女子看起來更加勻稱，外表活潑、不古板。大圓襟旗袍，與其名稱一樣，線條圓潤，穿著比較普遍，看起來比較穩重，是一款保守的襟形。方襟旗袍與圓襟旗袍相比，方圓結合，稜角更加分明一些，含蓄中富於變化。方襟旗袍不挑臉型，是民國時期電影明星的最愛，也是今天一些民初影視劇中演員的最佳衣著。

直襟旗袍的轉角處有明顯的鈍角形狀，一排直襟的盤扣，好似收藏了女子的所有故事，既能拉長身材的曲線，又能顯出豐滿，將腰身包裹得恰到好處。斜襟旗袍的角度看起來非常貼心，從領口輕輕斜劃過胸前，溫潤而又古典，是中老年女子喜愛的款式，尤其搭配以大花的盤扣，誇張中透著細膩；如果搭配以細小的盤扣，則精緻唯美。曲襟旗袍的形狀比較特別，開口較大，穿脫時比較容易，有時容易與雙襟相混淆，但在開襟的裝飾上又略有不同，雙襟成圓弧狀，曲襟則成直角狀。

與上述所有襟形不同的是琵琶襟和如意襟。琵琶襟的襟形與大圓襟接近，只開到胸前，卻不開到腋下。這款襟形，與清代末期的馬甲有異曲同工之處，只是在形式上稍有變化。如意襟的形狀不由讓人們想起「如意」這件器物，不論是金如意或者是玉如意，都象徵著吉祥。旗袍的襟形採用如意襟，也表達了旗袍匠人對吉祥生活的嚮往。此外，旗袍的其他部分也會用如意刺繡圖案裝飾，比如開襟處、開衩處等，都寄託著人們的

美好期望。

　　旗袍的襟形繁多，製作工藝也很複雜，每一種襟形在剪裁和製作的過程中，都要遵循各自的製作原則，從總體製作工藝來看，雙襟旗袍的製作要比單襟旗袍的製作更加複雜，看起來也更為美觀。

02◆ 小細節大傳統——旗袍的構成

　　每一種服裝都有自己的服飾語言，每一處細節都代表一種服飾的內涵。與其他服裝的構成元素類似，旗袍這一特殊的服飾同樣有自己的構成元素，又因為旗袍自身的獨特優勢，更讓旗袍增加了一種積澱，歷史的、人文的、傳統的。時代的久遠，並未讓旗袍的核心發生變化；生活的滄桑巨變，也沒有改變旗袍的基本構成。

旗袍的盤扣

　　有朋友超級喜愛旗袍的盤扣，即使不買旗袍，也要買幾款盤扣收藏著。有人說，這是一種病吧？其實真的不是，在筆者看來，這是一種情懷。因為，旗袍的盤扣對於一件旗袍來說，意義非凡。盤扣不僅有固定衣服的作用，還能有裝飾的效果。從嚴格意義來講，沒有盤扣的旗袍應該不算是一件完美的旗袍，有了盤扣的點綴，才讓旗袍增加了外觀的美，提升了旗袍

的整體格調。

　　盤扣可以分為不同的種類，不同的顏色，並經由不同的編結方法展現出來，而每一種類型的盤扣都寄託著一種美好的心願。雖然有了衣扣的作用，但是盤扣的作用以及盤扣自身的意義，卻超過了衣扣。由於盤扣裡鑲嵌著編結者的心願，凝聚著編結者的勞動，不僅向人們展現盤扣的美，也因其美觀產生了提升視覺效果的作用。

　　許多女子看上一件旗袍並將它買下來，主要原因在於她們喜歡這件衣服的盤扣。如此吸引女士眼光的盤扣其實有很多種，比如：動物圖案的盤扣、花樣圖案的盤扣、植物圖案的盤扣、象形圖案的盤扣，以及一字形的盤扣等。盤扣的種類還可以具體劃分成不同的類型：動物圖案的盤扣有蜜蜂、蝴蝶、蜻蜓等形狀；花樣的盤扣有菊花、水仙花等形狀；植物圖案的盤扣有橢圓的或者針狀的葉子形狀；象形的盤扣有小提琴、琵琶等形狀。最常用的是一字形的盤扣，不僅女子的旗袍上可以使用，即便是男子也可以在中式服裝上使用。

　　盤扣具有美觀的作用，但是盤扣的位置應該在哪裡呢？

　　最常見的盤扣，一般放在三個位置，即領口、袖口和開衩處。領口處的盤扣，是衣服的門面，尤其是剪裁合體的旗袍，加上了盤扣的點綴，才能彰顯旗袍的特色。領口處的盤扣，一定要做工精緻，讓人們欣賞到盤扣的美感。旗袍的袖口處放盤扣，不僅裝飾性比較強，還具有與領口相一致的協調作用。旗袍的開衩處可以根據個人喜好釘上盤扣，如果喜歡簡潔服飾的女子，開衩處也可不放置盤扣，如果喜歡和諧統一，則在開衩

處放上盤扣。但是一定要注意，如果在領口、袖口和開衩處都放上盤扣，則盤扣的顏色和款式要協調一致。袖口和開衩處可以放上相對小一些的盤扣，領口可以放上一套盤扣，一大一小；或者一個大盤扣，其餘用幾個小盤扣，也未嘗不可。

除了固定衣飾之外，盤扣還有美觀的作用，這是任何紐扣都無法替代的。比如栩栩如生的蝴蝶形盤扣，看起來讓旗袍靈動，有一種翩然欲飛的感覺；琵琶形的盤扣是最常用的盤扣，柔媚典雅；還有菊花形的盤扣，團團錦簇下，一種祥和美好油然而生；如意扣代表著一種美滿；那些動物形的盤扣則給人一種活潑的感覺；花形的盤扣讓人們對生活充滿希望。

盤扣像中國結一樣，被心靈手巧的人們精心編結著，之所以看起來無比精美，是因為只能用手工操作盤起來，因此有一定的難度。也正是因為手作，每一款盤扣的做工都有與眾不同之處，所以讓盤扣看起來更加特別。有些東西是模仿不來的，盤扣就是這樣。沒有盤扣的旗袍不建議收藏，它缺少了手作蘊藏的美感。

旗袍的緄邊

旗袍的緄邊，是指給旗袍的邊緣縫上布條或者布帶。緄邊是一種縫紉的方法，也稱為滾邊，有緄邊的旗袍看起來做工更加精緻。一件沒有緄邊的旗袍，看起來缺少技術含量，也不能算作完整的旗袍。一款工藝精湛、製作精良的旗袍，一定有緄邊。緄邊也講究很多細節，穿上帶緄邊的旗袍，不僅具備外觀

的美，也具備一定的藝術成分，更能展現一種文化底蘊。緄邊
一般是在旗袍的領口、袖口、開衩和底邊的位置。如果要緄
邊，一定要將這些部位全都緄邊，不能只給領口緄邊、其他部
位不緄邊，或者給袖口緄邊卻忽略了領口。任何一種忽略，都
會成為旗袍的敗筆。

　　旗袍緄邊時所用的布料，不僅須品質上乘，而且要與旗袍
的主體材料相輔相成，在凸顯旗袍個性的基礎上，緄邊成為旗
袍不可或缺的一部分。優質的緄邊用料，會給旗袍增加光彩，
而劣質的緄邊布料，會破壞旗袍主體的美感，讓原本價值昂貴
的一件旗袍看起來廉價，失去旗袍本身的高貴氣質。

　　旗袍的緄邊在製作工藝上比較複雜，尤其是緄條的製作，
一定要凸顯精、細、美，不管手工還是機器製作，都要平整、
美觀。製作緄條時，面料的選擇須注意三點：一是把握緄條與
主料的材質關係，緄條與主料的面料要一致，比如選擇真絲緞
的主料，最好不用亞麻面料做緄條；如果選用絲絨為主料，不
能選擇厚重的織錦緞做緄條等等。二是把握緄條與主料的色彩
關係，在緄條與主料的色彩搭配上，要注意選擇與主料色彩相
同的布料製作緄條，或者選擇與主料對比色的面料進行製作，
如果色差太大，可以選用黑白灰三個素色進行搭配。三是把握
緄條與主料的做工關係，主料即旗袍主體的製作針碼與緄條的
製作一定要相同，針碼不均勻，就會失去緄條的修飾意義。

　　緄邊看似簡單，其實很複雜。窄窄幾公釐的緄邊，如果與
旗袍完美地銜接在一起，就達到了理想的效果，拉近了旗袍在
日常服飾與藝術品之間的距離。

旗袍的鑲邊

　　旗袍有緄邊也有鑲邊，都是旗袍重要的製作工藝。鑲邊從字面理解，就是將布料鑲嵌上去，由此可以理解為：將小塊的布料鑲嵌到主料上，就是鑲邊。旗袍的鑲邊不僅讓旗袍變得美觀，更是代表旗袍的傳統。

　　今天的旗袍變得更加簡潔，鑲邊的工藝已經很少用到。如果能夠買到或者訂製一款鑲邊的旗袍，在追求時間和效率的時代，這麼繁雜的工藝實屬難得，應該倍加珍惜。對於愛好收藏旗袍的女子來說，如果沒有一款帶鑲邊的旗袍，就還不是純粹意義上的收藏。

　　旗袍的鑲邊是旗袍款式的重要組成部分。製作時，要將小片平貼到大片上，一般在製作旗袍時都用寬窄適宜的布條縫製在主料上，與主料放在一起，給旗袍增加亮點。清末有人形容鑲邊是「十八鑲滾」，暗喻鑲邊的工序比較複雜。鑲邊與緄邊不同，緄邊需要將旗袍的邊沿包緄起來縫製，而鑲邊只需要平貼在旗袍上。具體的位置一般在旗袍的領口、袖口、開衩處，不僅具有裝飾效果，還使旗袍在穿著時更耐磨，增強了實用性。

　　鑲邊與緄邊一樣，不僅在面料上有嚴格的規定，在色彩上也要遵循和諧一致的原則。鑲邊與主料的面料應該一致，真絲皆為真絲，錦緞同為錦緞，如果衝突，就失去需要的效果；鑲邊與主料的顏色關係和緄邊一樣，或相同或反差，總之要和諧。很多旗袍同時具備了緄邊和鑲邊的特徵，二者的巧妙結

合,使旗袍這一服飾更富有藝術氣息。同時,穿著做工精緻的旗袍,也能表露出女子的生活水準和社會地位,將高貴典雅與華美柔和融為一體。

旗袍的開衩

　　旗袍與普通衣裙不同,在下擺處有開衩,開衩有高低之分,一般是三種類型,即高開衩、中開衩和低開衩。開衩的高低不同,又決定了旗袍開衩位置的不同。高開衩一般在臀部下方半尺左右,中開衩一般在臀部與膝蓋中間的部位,低開衩一般在膝蓋以下至小腿的部位。雖然開衩有著約定俗成的固定位置,但同時還要靈活把握。比如:開衩的尺寸要依據旗袍的長短來決定,如果是長至腳踝或者拖地的長款旗袍,開衩高低就要以旗袍的長度來進行折算;而短款旗袍開衩就會稍低一些。

　　旗袍剛出現的時候,也是滿族男子的袍服,開衩主要是為了便於人們騎馬作戰,後來逐漸演變成低開衩。尤其當女子穿上旗袍時,開衩便賦予了旗袍不同的美韻。傳統旗袍的高開衩帶來了視覺上的美感,如果性感一點,可以將旗袍的開衩開得稍高一些;如果保守一點,則將旗袍的開衩開得稍低一些;如果是長款曳地、內穿絲質或者紗質長褲的旗袍,則開衩部位可以從腰部一直開到底邊。總之,無論高開衩還是低開衩,都會讓旗袍看起來有一種若隱若現的美感。

　　從潮流演變上看,一九三〇年代流行低開衩,四〇年代流行高開衩,五〇年代仍是低開衩。如今,女子們可以根據自己

的喜好選擇旗袍開衩的高低，同時在其他服飾搭配上與之協調，如穿著高開衩的旗袍，搭配高跟鞋，低開衩的旗袍穿低跟鞋。不管怎麼穿，都能讓自己開心，這才是最重要的一點。

提到旗袍的開衩，不能不說說旗袍的裙襬。與旗袍的開衩相呼應，旗袍的裙襬也經歷了從傳統到現代的演變。最初的裙襬比較寬鬆，隨著旗袍收身越來越緊，裙襬也逐漸收攏，從寬大到細窄，又從細窄到寬鬆。旗袍的款式發生變化的同時，裙襬也在不經意間進行更替。又因旗袍的長短發生了變化，裙襬的長度和開衩的位置也在改變。前短後長或者前長後短的裙襬、側開衩變為前開衩或後開衩的款式，成為不同時期的流行時尚。無論怎樣轉變，人們仍然認為前開衩比較莊重，後開衩含蓄，側開衩傳統。旗袍的開衩與裙襬，就像一對孿生姊妹，共同傳達旗袍的風采，當穿著它的人在微風中款款走來時，飄然若仙，無法用語言去形容。

旗袍的領口

旗袍的領口大致有四種：高領、中領、低領以及無領。高領的旗袍將脖頸完全遮蓋住，中領的旗袍將脖頸遮住三分之一，低領位於鎖骨上方脖頸的三分之一處，無領的旗袍在鎖骨之下。從旗袍領口的位置可見，旗袍的領口對穿旗袍的女子有著明顯的要求。一般脖頸比較長、身材瘦高的人穿高領旗袍效果比較好；中領的旗袍適合脖頸長短適中的女子穿著；旗袍的低領一般在鎖骨以上兩公分處，無論脖頸長短的女子，穿起來

都適合；無領旗袍則適合脖頸相對比較短的女子穿著，可以修飾外表，產生協調的作用。當然，高領旗袍的效果最好看，只是要求的條件比較高，所謂的「旗袍挑人」，也不無道理。

許多女子喜歡小立領的復古風旗袍，尤其帶著緄邊的立領旗袍，看起來古風古韻，頗受女子的喜愛。高立領的旗袍，讓穿著的女子帶有一絲神祕感；中領的旗袍，迎合了大眾的喜愛；低領的旗袍，滿足東方女子保持傳統的心願；無領旗袍，在傳統和現代的結合處，展現女子的優雅，是夏季服飾的首選。

旗袍的領口不僅有高低之分，還有類型之分。旗袍的領型很多，大致上可分為元寶領、水滴領、馬蹄領、鳳仙領、直領、竹葉領等，最常見的是直領。不管哪一種領型，都保留著自己的特色。人們從不同的角度選擇自己的最愛，由此讓旗袍的領口獨具特色。

如何讓旗袍的領口更有吸引力？這個問題同樣驗證了旗袍領口修飾的重要性。旗袍的領口可以釘上盤扣，從一排扣子到三排扣子不等，可以根據個人喜好而定。低領口可以多釘一排至兩排盤扣，如果是高領口，則可只釘一排盤扣。即使無領旗袍，仍然可在適當的位置釘上多排盤扣。所謂和諧的一致，就是一種美，也是旗袍領口的最高境界。

旗袍的袖口

每一件旗袍都有靈魂，旗袍的袖口就可以看作是旗袍的靈

魂，沒有袖口，則沒有服飾的整體美。旗袍的袖口不僅使旗袍發揮服裝穿用的功能，也讓旗袍這一服飾更加體貼，並因袖口的裝飾，修飾出旗袍整體的美感。

從明代起，袖口就成為衣飾的重要組成部分。今天服飾的演變與發展，讓袖口的精緻程度增加，也讓旗袍服飾更加舒適。旗袍的袖口按照長短分，有長袖、中袖、短袖、坎袖以及無袖的區別。長袖長及手腕，中袖至胳膊肘部，短袖在肘部至肩部間，坎袖緊貼肩部，無袖指肩部以下沒有袖子。旗袍的袖口長短可以根據不同的季節進行變化，長袖旗袍能夠遮蓋皮膚，產生保暖的作用；中袖旗袍看起來別有韻味；短袖旗袍體感涼爽；無袖旗袍能夠凸顯女性的雙肩，渾圓則有魅力，溜肩則有飄逸之感。

旗袍的袖口按照形狀還可分為馬蹄袖、倒大袖、喇叭袖、荷葉袖等。追溯到滿族入關前，旗袍的袖子是馬蹄袖；一九二○、三○年代出現了倒大袖，在當時倒大袖是一種文明裝；到了三○、四○年代逐漸發展成喇叭袖和荷葉袖等，更加豐富了旗袍的袖口形狀；蕾絲袖的出現，給旗袍的袖口形狀帶來一種清新之感，若隱若現的袖口，為時尚的旗袍平添幾分魅力。

旗袍的袖口經過多種變化，由寬變窄，但長短總是根據季節進行變化，也可以因人而異。此外，旗袍的袖口還可以加上裝飾，主要飾物一類是緄邊，另一類是盤扣。長袖旗袍可以放盤扣，短袖和無袖則不宜放盤扣。緄邊的袖口看起來非常俐落，釘上盤扣的袖口則與旗袍的領口和開衩一致，三者達到完美的結合。

03 ◆ 各花入各眼——旗袍的質地

旗袍的質地，猶如一個人的品格，品格優秀，代表著一個人審美趣味的高雅程度。一件質地上乘的旗袍，與優秀的人一樣，能夠經受住時間的考驗，即使歲月流逝，紅顏老去，但高尚的靈魂依舊。

旗袍的面料

服飾王國裡的衣料眾多，旗袍也可以在這個王國裡暢遊，製作旗袍，精選適合的面料與設計得體的款式同樣重要。沒有合適的面料，就不會製作出高品質的旗袍；不同質地的面料做成的旗袍，則具有不同的風格和韻味。

適合製作旗袍的面料大致可分為棉、麻、毛、絲、錦、紗、絨等幾大類。不同的面料製作的旗袍會為女子們帶來不同的美，同時也會產生保暖的作用，達到舒適的效果。純棉布料製成的旗袍柔和舒適，不易褪色，價位比較低，適合居家穿著，受到很多女子的喜愛；亞麻面料透氣性好，不貼身，穿著舒適，價位比一般的面料低，也是平常人家女子的首選面料；毛呢面料保暖性好，製成的旗袍透露出成熟穩重的知性美；真絲面料光滑，又富有天然的色澤，適合皮膚敏感的女子，又因面料比較柔韌，看起來柔和唯美，是旗袍最常用的面料；錦緞面料色彩亮麗，穿著大氣高貴，是傳統的旗袍面料，儘管旗袍面料不斷更新，女子們對那些織錦緞、閃光段、七彩緞仍然不

離不棄；紗質面料目前主要有兩類：一類是歐根紗，另一類是
香雲紗。歐根紗面料與傳統旗袍面料的不同之處，在於歐根紗
面料不是用於獨立製作旗袍，而是通常與錦緞相結合，歐根紗
時尚，錦緞傳統，二者放在一起製成的旗袍洋溢著現代和古典
交融的氣息，是時尚女子的最愛。另一種紗料香雲紗製作工藝
比較複雜，不僅需在中藥裡浸泡，還要在烈日下曝曬，是一種
有保健作用的面料。香雲紗的古典工藝和藥用價值，使這種面
料製成的旗袍價位高於其他面料製成的旗袍，具有穿著和收藏
的雙重價值。絲絨面料製成的旗袍沉穩華貴，於飄逸中彰顯靈
動的氣質，為中老年女士所推崇。

　　旗袍面料除了棉、麻、絲、紗等種類，還有成分的劃分，
比如純毛面料、化纖面料等，這些面料各有優勢。在製作旗袍
時，可根據不同的質地進行選擇：毛麻面料柔和舒適，但容易
起皺；絲質面料下垂感較好，但容易褪色；化纖面料挺括，易
於打理，但舒適度差一些；絲絨面料富有光澤，但容易沾上灰
塵等。

　　既然旗袍面料各有優劣，穿著時就要分場合進行選擇。日
常穿著的旗袍，可以選擇純棉面料、亞麻面料和毛呢面料，這
幾款面料透氣性好，看起來年輕又充滿活力；參加活動穿著的
旗袍，可選擇真絲面料、織錦面料和絲絨面料，它們富有光
彩，雍容典雅，再搭配一些飾物，更會有意想不到的效果。

　　旗袍面料種類繁多，還要根據個人的經濟條件進行選擇。
經濟條件好一些的，可以選擇香雲紗、真絲、錦緞等；經濟條
件一般的，可以選擇純棉等面料。不管穿上哪一種面料的旗

袍，最重要的還是自己的身材和氣質，如果這兩種都不占優
勢，那就要加強身體管理和內在修養，否則即使穿著最昂貴面
料的旗袍，也不會達到理想的效果。

旗袍的色彩

　　色彩是一門學問，有著獨特的語言。每一種色彩因其獨有
的特性，所表達的意義也不同。不同顏色的旗袍，代表著女性
不同的個性，從中也流露出不同的情感。如果旗袍的款式與色
彩搭配的效果好，穿著的女子一定會保有極好的心情，同時也
讓觀者心情愉悅、視覺舒適。

　　旗袍與其他女性服飾一樣，其多彩的顏色，能夠烘托出女
子斑斕的生活，因為色彩的美麗而增添生活的樂趣，所以，不
管哪一種顏色都能吸引女子們穿著；而與其他服飾相比，旗袍
的顏色具有更大的可塑性，可以進行多種搭配，無論低調還是
誇張，都能形成風格，吸引無數的目光。

　　旗袍的顏色可以分為活躍色和安靜色。活躍色以紅色、黃
色為主，配以橙色、藍色和咖啡色等；安靜色以黑色、白色為
主，配以灰色、綠色、紫色等。活躍的亮色可以彌補女子的膚
色，安靜的暗色可以彌補女子的性格。從活潑到安靜，從外向
到內向的轉變，有時也是經由和諧的色彩來實現的。

　　紅色旗袍應用的場合最多，不僅是婚禮慶典、宴會酒會等
適合穿著，平時的聚會也可以穿著，因為紅色讓人興奮、進
取、熱烈、奔放，又表達一種幸福感，所以紅色始終是旗袍色

彩中的主打色。穿著黃色旗袍的女子，充滿生機活力，賦予人陽光向上的正能量，同時容易吸引異性的目光。藍色是天空和海洋的顏色，象徵寬廣的胸懷，天空的寧靜，大海的洶湧，在動與靜之間藍色是最好的協調色。夏季穿藍色旗袍，給人涼爽的感覺；冬季穿藍色旗袍，讓嚴冬裡增加了一抹亮色。橙色帶給人們的不僅是陽光和開朗，還有溫暖和亮麗，橙色的旗袍穿在身上，立即會有一股活力呈現出來，處處給人勵志向上的感覺。咖啡色是典型的暖色系，穿上咖啡色的旗袍除了給人溫暖的感覺外，還能產生讓人感覺穩妥可靠的作用。

黑色雖然看起來有些沉悶，卻極其富有神祕感，黑色旗袍更容易讓人產生嚴肅和莊重的感覺，充分展現出成熟的氣質和極具權威的特質；白色寓意著純潔，不僅讓人聯想到冰清玉潔的高貴品質，還能將一絲內斂與寧靜展露出來，白色的旗袍更能展現穿著者的文雅、沉靜，成為許多女子的最愛；灰色顏色低調，卻不沉悶，總能在淡雅中透著舒適，讓穿著灰色旗袍的女子大方可人，外在視覺上總能給其加分，成為格調高、氣質佳的一款旗袍顏色；綠色健康、平靜，給人祥和之感，綠色又是一種生命的色彩，自然的活力，田野的清新，都隨著綠色的到來讓人心曠神怡，所以，綠色旗袍是熱愛生活女子的最佳色彩；紫色的高貴感自古以來就被人們所稱道，是尊貴身分的象徵，高貴大氣的紫色旗袍，令穿著者渾身充滿著神祕感。

製作旗袍面料的每種顏色，都有不同的特性，在設計上別具一格。在旗袍的色彩搭配中，要根據穿旗袍女子的不同想法來選擇。比如：用萬能的白色與任何顏色進行搭配，即使再挑

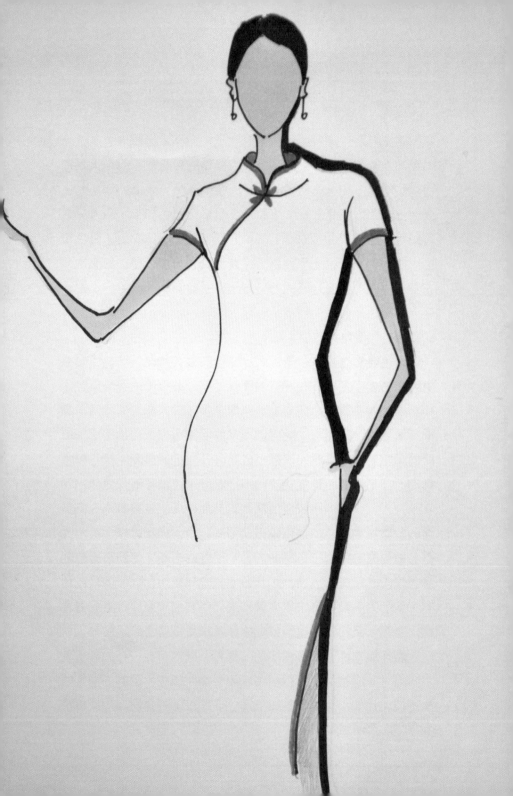

剔的人，也不會找出毛病來，因為白色適合各種膚色和各種性情的女子；黑色與白色一樣，與各種顏色都能搭配，只是沒有白色看起來明亮；紅色極富喜感，是熱情活潑的完美表現，與白色、黑色和灰色都可以搭配，可以用紅色進行點綴，也可以用紅色做為主打色，總能穿出一定的效果來；藍色可以和紅色、黃色及橙色相搭配，讓穿著旗袍的女子活力再現；黃色因為鮮豔，受到各個年齡段女子的喜愛，可以與黑色、紅色以及綠色搭配，呈現低調的華麗；紫色自身的色系可以進行調和，比如深紫和淺紫的漸變色，或者紫色與黑色、白色的搭配，同樣是富有浪漫、高貴與神祕色彩的一種色系；棕色因為溫暖，可與白色搭配，看起來比較清爽，與黃色搭配，則顯得成熟又文靜。只要有主打色，怎麼搭配都有自身的色彩和道理，不管在哪一個季節裡，都能穿出旗袍的特色來。

旗袍的花色

旗袍的花色一般指旗袍面料上的花樣與圖案。旗袍的花色工藝繁雜，有提花、印花，還有繡花。提花面料經緯交錯，面料本身有一種浮雕的立體感，製造工藝比較複雜。提花分為單色提花和多色提花，不同的顏色帶來的視覺效果也不同，看起來高貴、有質感。印花面料相對於提花面料，在製作工藝上簡單一些，是用染料印在布料上，形成的花紋或圖案，可以滿足人們對自然和建築等風格的一切視覺要求。繡花指刺繡，在中國已有四千多年的歷史，在各種質地的布料上用絲線、絨線等

繡出不同的圖案，因針法不同，繡出的效果也不同，更代表心靈手巧的人們勤勞的精神，因此深受女子們喜愛。隨著現代設備的改良，更多繡花面料問世，供人們選擇。這些旗袍服飾中的花色，不僅代表服飾的興衰過程，也是服飾文化中不可缺少的元素。

不同的花色，給旗袍添加了不同的圖案，按布局可以分為大花圖案、小花圖案、格子圖案等，異彩紛呈。圖案的類型還可以進行細化，比如大花類圖案中，有荷花、蓮花、菊花等；小花類圖案中有點綴其間的竹葉、梅花等；格子圖案中有寬格、窄格、橫格、豎格、方格等；此外，還有各種幾何形的圖案，都讓旗袍看起來立體感更強。

其實，旗袍上的每一種花色不同，代表的寓意也不同。蓮花出淤泥而不染的高潔，梅花迎風傲雪的風姿，竹葉堅挺不拔的頑強意志，菊花的隱忍與困難面前的永不屈服，牡丹的富貴典雅，蘭花的清香怡人等，花的語言與人的品格相輔相成。

旗袍花色中最能展現自然特色的，就是那些田園風光和山水畫作。在旗袍的衣襟處印出一幅山水畫，或是一幅田園景色，別致新穎，讓人產生悠然遐想。經由旗袍這種女士們喜愛、男士們欣賞的服飾，把天然的綠色融入其中，以園林山水、亭臺樓榭和田園風光的大寫意手法，展現出傳統中國的風采。儘管山水圖案的旗袍很少見，但水墨色的畫作總能體現出旗袍女子的沉穩內斂，勾勒出完美的身材，使那個穿著旗袍的女子看起來更加雅致。

動物圖案是除了大小花形、田園山水之外的一類常見圖

案，最常見的有喜鵲登梅、鴛鴦戲水、丹鳳朝陽以及松鶴延年、龍鳳呈祥等，這些圖案不僅看起來有獨到之處，也包含著喜慶吉祥、溫馨和諧、益壽延年的深刻韻味。

　　如果再仔細地探究，各種花色的旗袍還可根據不同的場合進行選擇。日常生活中的旗袍宜選擇碎花或小花圖案，給人鄰家小妹的感覺；出席宴會的旗袍可選擇大花、傳統紋飾或福祿壽禧圖案，富貴又莊重，適合喜慶的氛圍；外出休閒的旗袍可以選擇山水圖案，與自然風光融為一體，讓人產生遐想，增加了迷人指數。

旗袍的刺繡

　　刺繡，俗稱繡花，有時也稱作秀花，是中國最寶貴的非物質文化遺產之一，也是優秀的民族傳統工藝之一。刺繡是很多女子喜愛的一項手工活，她們將各種色彩的絲線，用一根繡花針連接起來。隨著這根針的躍動，彷彿變魔術一般，那些色彩斑斕的絲線隨即變成了各種優美的圖案，其中有花卉也有山水，有動物也有格紋，尤其這些圖案在旗袍上的應用，給旗袍增添了特色，演繹出東方女子的神韻。

　　中國的刺繡工藝已有數千年的歷史，在世界服飾文化寶庫中占有重要的位置，是人民勤勞與智慧的結晶。全國各地都有刺繡工藝，又因地域和使用的針法不同，刺繡的名稱也不同。比較有代表性的刺繡，有蘇繡、湘繡、蜀繡等，最著名的是蘇繡。蘇繡的地域分布以蘇州為中心，繡法工藝比較獨特，刺繡

的水準很高，配以靈活的針法，在圖案的設計上非常雅致，所用絲線的色彩明朗，繡成的圖案美觀，風格簡潔，讓蘇繡因刺繡工藝精湛而聞名；蜀繡是四川地區的一種繡法，習慣使用的原料為絲綢和軟緞，刺繡的色彩比較鮮明，以畫作為主的蜀繡，總會融進山水田園、花鳥魚蟲，是比較親近自然的一種繡法；湘繡，顧名思義，是以湖南長沙一帶的刺繡風格而著稱的，湘繡的刺繡風格比較淳樸，以絨面刺繡為主，通常運用多種顏色的繡線，將書法與構圖完美地結合在一起，使色彩更加和諧，有種如詩如畫般的感覺，令人稱奇之時又流連忘返。

在刺繡技巧上，蘇繡趨向於柔和，蜀繡趨向於自然，湘繡趨向於淳樸。與此同時，不同地域的刺繡，雖然有著各自的特點，但是每一種刺繡都凝聚著勞動者的心血，常見的刺繡圖案——從騰空而起的飛龍、金色的鳳凰、開屏的孔雀、翱翔的小鳥、水中的鴛鴦等傳說中和現實中的鳥獸動物，到蘭花、菊花、梅花、牡丹花、玉蘭花、竹子、竹葉等花草精髓，都是將生活與想像中最美好的意象，做為刺繡的樣品。而無論哪一種刺繡用在旗袍上，對於穿旗袍的女子來說，都會增添更多的色彩。

袍服刺繡從清代末期開始迅速發展，到旗袍刺繡，經歷的時間並不長，卻做為一種傳統流傳下來。以前的旗袍刺繡，不僅將刺繡用於旗袍的領口，也用於旗袍的袖口、前襟，以及旗袍的開衩等部位。刺繡發展到今天，形成了更為簡潔的刺繡風格。現在的旗袍，大部分只將刺繡用於旗袍的前襟，或者是袖口。讓旗袍服飾變得簡潔的同時，更凸顯了前胸和前襟部位的

特色。

　　旗袍的刺繡，每一針每一線都會繡進美好的願望。結婚慶典時新娘穿著的紅色旗袍，胸前繡的圖案多是鳳凰，這時繡進去的是吉祥、和美、如意；年紀稍長的女士，如果在旗袍的前襟繡上一個福字，再搭配龍、鶴等的圖案，就會呈現出高貴、吉祥的寓意；很多女子喜歡穿著帶有大朵牡丹花的旗袍，是希望牡丹這一圖案給自己帶來富貴之氣；蓮花有出淤泥而不染之意，蓮花刺繡圖案，讓穿在身上的人變得高潔不染塵俗；如果繡上了竹子，更顯身材的修長，看起來整個人更加和諧柔美。所以，旗袍的刺繡為旗袍增添了奪目的光彩，而且由於工藝變得複雜，也提高了旗袍的價位。在高端訂製款旗袍中，價格最昂貴的當屬刺繡旗袍。

旗袍的製作

　　旗袍的製作技藝不僅展現在外觀的剪裁上，還展現在精緻的做工上。一件做工精緻的旗袍，穿在女子的身上，看起來必定與眾不同。如果女子身材窈窕，能夠穿出旗袍的骨感；如果女子身材豐滿，則能穿出旗袍的神韻。不管怎樣穿著，都會呈現出旗袍的造型和細節。同時，良好的材質，精美的做工，也是穿著旗袍女子身分與地位的象徵。

　　從個人的理解來看，能夠展現旗袍精湛技藝的大致有四個方面：一是旗袍的剪裁功力，這是旗袍製作的基礎。剪裁之前對樣式的選擇，根據個人的具體情況進行設計，都為剪裁做足

了準備；二是旗袍的盤扣工藝，很多女子決定是否購買一件旗袍，主要看盤扣的製作情況。一件盤扣花紋顏色與旗袍主體比較協調的旗袍，會為旗袍加分，在價位上可以提高一個檔次。很多女子購買或者訂製旗袍的主要原因是發自內心地喜歡旗袍上的盤扣；三是旗袍的緄邊工藝，與盤扣一樣，沒有緄邊的旗袍不夠傳統，即使改良，也應保留緄邊的工藝，這是高檔旗袍不可或缺的部分；四是旗袍的刺繡，如同一幅畫被塗上了色彩，刺繡便是給旗袍增光添彩的部分。如果上述四個部分的工藝到位了，穿在女子身上的那件旗袍才算真正的製作精良。

在旗袍製作技藝的四個重要組成部分中，旗袍的剪裁是最基礎的部分。在剪裁之前，一定要進行量體。經由量體的過程，能夠精確地算出旗袍的尺寸，從而完成剪裁最重要的一部分工作。如果訂做旗袍，剪裁師傅都會仔細地量體。一般的服裝店量體只測量衣長、肩寬、胸圍、腰圍、臀圍、腿圍和腕圍，訂做旗袍的量體則比普通服裝店測量的內容複雜得多。

以筆者在知名旗袍製作企業璽贏訂做旗袍的經驗為例，璽贏的設計師在量體的時候，分前後分別進行測量。從頸部開始往下測量，簡單的順序是頸寬、肩寬、胸圍、乳峰間距、腰圍、臀圍、長度、袖跟、袖口和腕部等多個部位。測量後還要進行放寬處理，比如腰間最細的地方量好後，要按照款式的要求放出一些餘量。測量領口時，在脖頸的中間繞一圈得到的尺寸，就是領子需要的圓周長度。為什麼有的時候我們買的成衣旗袍穿上之後，領口比較肥大？是因為自己的脖頸比較細，所以儘管胸部和臀部尺寸合適，但是領子是寬大的。訂做量體就

避免了這些問題，每個人的身高、體型包括胖瘦程度不同，在測量時設計師都會考慮差別。

穿旗袍的時候，有的女子前胸乳峰高聳，彷如旗袍前胸的那塊布料專為她而生，恰到好處地展現了女性的美。其實，這樣的效果除了有設計師的功勞外，還在於量體時的認真。有人說，測量胸圍的資料，不就是圍胸一周就行了嗎？實際上，要想做到精確而有效果，還要用尺子量兩個乳峰高度之間的距離，這才是精準的胸距。如果沒有這樣的胸距，做出來的旗袍缺乏立體感，達不到女性所期待的效果。測量胸圍的時候，一定要沿著胸部最豐滿處平行量一周，在實際製作的時候還要稍稍放出一些寬度。量胸高時，要從一側的腋下量到胸部乳房的最高點；量腰長時，要從胸部最高處至腰間最細的地方，才能量出腰節來。袖跟的長度一定要測量，否則做好的旗袍不合身，尤其袖子有粗細，影響穿著效果。開衩的測量要根據旗袍的長度來確定，長款旗袍的開衩一般以距離膝蓋三十公分左右最適宜，短款旗袍的開衩，一般在距膝蓋以上二十公分處。

一件旗袍在剪裁前，還要做一些基礎的工作，比如核對測量尺寸，對特殊身材進行測算；對面料進行選擇，對顏色和圖案進行把握，如果不是帶料加工，還要對訂製者的臉型和膚色等進行比較，看顏色是否符合訂製者的膚色，款式是否符合訂製者的身材等。尤其是格子、斜紋或者大花的旗袍面料，還要考慮格子能否對上，斜紋的方向是否一致，花紋圖案能否搭配等問題。體型測量好，尺寸計算準確後，就開始剪裁。剪裁是製作過程中最關鍵的部分，如果沒有剪裁，就沒有呈現在人們

眼前的成品旗袍。剪裁時的順序依次為：先裁大片，再裁小片；先剪大袖，再剪小袖；先剪領口，再剪其他附件。如同考生參加大考一樣，要經過所有的心算、筆算之後，才能在卷紙上答題。負責剪裁的師傅一定要做好基礎工作後，才能開始剪裁。

旗袍的縫製過程，在工藝上的要求極高。完成剪裁之後，要將剪好的旗袍面料打線釘，然後黏襯、緝省縫、歸拔前後衣片、帶嵌條、做底襟、合肩縫、合側縫、做裡布、固定裡子和衣片、緝裡子及底邊、固定開氣和底邊、做領子、緝緄邊、做緄邊手針、整燙、做盤扣、釘盤扣……只有做好上述工序，才算完成一件旗袍的製作過程。如果旗袍要繡花，可在剪裁後在衣片上繡花，也可在做出成品後繡花，花形根據訂製者的喜好進行選擇。

旗袍在製作過程中，每一道工藝所凝聚的心血，讓人們感覺，穿上一件精緻的旗袍會帶來一種真正的美。這種美完全展現在旗袍細緻而富有特色的製作工藝上，比如緄邊、鑲邊、盤扣和刺繡等等。精緻的工藝彌補了人體的缺憾，傳統的手工製作旗袍與現代的機器相結合，加快了製作的進度，節省了人工。但是，不管技術如何改進，有些部分仍然是手工製作和手工縫製，如旗袍的盤扣。在傳統與現代的技術發展過程中，旗袍這一古典與現代相融的服飾，凸顯了女性的曲線美，即使不穿在身上，只是掛在衣櫃裡欣賞，也能看出人體造型的獨特韻味。

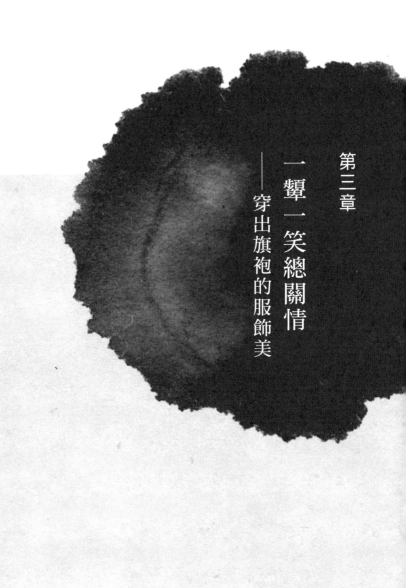

第三章

一顰一笑總關情

——穿出旗袍的服飾美

無論生活贈予人們的是快樂，抑或是憂傷，時光就像一艘船，終究會沿著生命的海岸向前行駛。苦也一天，樂也一天，所謂苦樂年華，喜憂參半，誰的人生也逃脫不掉苦的羈絆與樂的歡愉。

有人以運動為樂，有人以工作為樂，喜歡服飾的女子，以穿上旗袍為樂。旗袍的美，美在舉手投足間的沉穩，美在生活中創造的一抹色彩，一顰一笑間，流露的是對人生的態度。

每一位女子都有自己的優勢和特長，發揮自己的長處，把服飾的美融進內心，將快樂寫在臉上，幸福總會在不經意間到來。

01 ◆ 和風細雨纖纖體——旗袍與形體

好的旗袍不僅是一件服飾，也是一件藝術品。這也意味著，旗袍不是任何人能夠輕易駕馭的服飾。旗袍挑人，不僅挑的是氣質，更重要的一點，旗袍挑「體型」。好的體型有天生

的，也有經過後天努力打造出來的，但每個人的高矮胖瘦不同，即使穿上同一款旗袍，也會有不同的效果，所以穿著旗袍，對人體的要求不盡相同。比如按照身高，有高矮之分；按照形體，有胖瘦之分；按照比例，有身材適中的女子，還有身材嬌小的女子。所以每一種體型的女性在選擇旗袍時，都要按照自己的實際情況選擇或者進行訂做，如此，才能穿出理想的效果來。

旗袍與身材

人的身材大致分為三種：身材高䠷、身材適中、身材矮小。高䠷身材的女子日常穿衣，都會比其他身材的女子有優勢。俗語說「人靠衣服馬靠鞍」，反過來說，沒有好的身材，再好看的衣服也不會穿出效果，穿旗袍同樣適用這個道理。

高䠷身材的女子，一般都高而瘦，適合穿長款旗袍，能撐起旗袍的長度，有飄飄欲仙的感覺。但是高䠷的女子也有缺點，比如胸部和臀部都比較扁平，穿不出旗袍的曲線美，雖然身材高䠷，卻不能稱之為一個好衣服架子。如何彌補呢？這就要動一番心思了。

首先在選擇旗袍時，要注意在顏色和花型上下功夫。儘量選擇淺色的旗袍，可以使人顯得豐滿，還要注意上下協調，顏色選擇上，不能上深下淺，否則會失去平衡感，變得頭重腳輕。同時用大花型和橫紋格子來增加人體的寬度，最好不選豎格旗袍，否則會讓身材拉長，變得更加瘦高，給人一種飄忽的

感覺。

高䠷型女子穿著長或短的旗袍都適宜。長款看起來飄逸，短款凸顯腿部曲線，怎麼穿看著都很美。只是要注意一點，本來已經很高䠷的女子，千萬不要再選擇「恨天高」一類的鞋子，平底和矮跟已經足夠，否則會顯得太突兀。

身材高䠷型的女子穿旗袍有優勢，身材嬌小的女子也不要著急，其實高有高的優點，矮有矮的長處。具體表現在：嬌小的女子，身材曲線玲瓏，給人楚楚可憐之感，如果再穿上旗袍，會有別人不可企及的特質。

一般來說，身材嬌小的女子如果不是特別胖，身材都很勻稱，在選擇旗袍時只要把握好穿衣原則，無論遠觀近看，效果都是穩妥的。首先在長度上，把長款旗袍留給高䠷的女子，身材嬌小的女子一定要選擇短款旗袍，短款的旗袍才能讓自己凸顯曲線美，露出纖細的小腿。其次，要在色彩上下功夫，如果穿素色，會讓身高拉長；如果喜歡花色，則要選擇小碎花，避免大花型；儘量穿豎格圖案的旗袍，避免橫格紋；如果上下身的顏色不同，要注意上身選擇淺色，下身選擇深色，保持協調的色彩，避免頭重腳輕，變成大頭娃。

身材嬌小的女子，除了在旗袍的長度和顏色的搭配上要注意之外，還要在髮型和鞋子上下功夫。建議選擇的髮型是盤髮或者短髮，能夠拉長脖頸，使人看起來亭亭玉立；在鞋子的選擇上，優勢來了，可以穿高跟鞋，只要身體能承受，鞋跟的高度隨自己的喜愛，怎麼選都有理。但要注意最好不穿鬆糕鞋和坡跟鞋（楔型鞋），會破壞旗袍的美感。

至於身材適中的女子，不管穿長款還是短款的旗袍，怎麼穿都合理，在搭配上參考前文提到的一些原則即可，在此就不再贅述了。

旗袍與體型

人各有差異，體型當然也不例外。從體重上劃分，可分為偏胖型、適中型和偏瘦型，也有不規則的體型，比如上身瘦下身豐滿的梨形，上身豐滿下身瘦的桃子形，抑或髖寬腰細的葫蘆形，溜肩和窄肩的單薄型等。

體型的差異，也讓女子們在服飾選擇上有了一定的限制，尤其對旗袍的選擇更要注意，必須根據不同的體型進行選擇。體型偏瘦的女子，在選擇旗袍時大致可參照高佻型進行選擇，儘量用圖案和花色進行調節，讓原本的瘦弱趨向豐滿。體型偏胖的女子，可參照身材嬌小型選擇旗袍，以素色為主，多用豎格或者零星點綴的圖案來裝飾，在顏色上儘量避免大紅、橙色和黃色等暖色，宜選擇黑色、藏藍、墨綠、深灰等冷色，在視覺上給人纖瘦的感覺；在款式上，最好選擇加鬆款的改良旗袍，能夠隱藏腰型和腿型；在長度的選擇上，最好過膝，避免露出豐滿的腿部；在配飾上，儘量凸顯一個「長」字，比如項鍊和耳環的搭配，一定不要選擇圓形，而要選擇加長款，使脖頸看起來有拉長的效果。

上身瘦下身豐滿的梨形身材女子，應選擇上身顏色淺下身顏色深的旗袍；上身豐滿下身瘦的桃子形身材女子，應該選擇

上身顏色深下身顏色淺的旗袍，與前一種選擇正相反，才能均衡地調節形體的不足；對於髖寬腰細的葫蘆形身材女子，與梨形身材女子的選擇相同，儘量壓縮下身的豐滿感，同時凸顯腰部曲線，或者加入一些小修飾，增加腰部的亮點；溜肩和窄肩的單薄型女子，在選擇旗袍時，首先要注意面料的柔韌度，一定要選擇質地比較堅挺的面料，增加肩部的寬度；其次，要注意旗袍的領型，用較寬的領型來修飾，使肩部看起來不再單薄；還有一點需要注意，一定不能穿上身太緊的旗袍，稍稍寬鬆一些，看起來才更勻稱。如果能將披肩或者絲巾披於肩部，會有意想不到的效果。

02 ◆ 儀態萬千顯端莊 —— 旗袍與相貌

有人說，相貌是天生的；也有人說，相貌是父母給的。天生也好，父母贈予也罷，總體來講，相貌對於每個人來說都非常重要。有人因為相貌而得到萬千寵愛，也有人因為相貌而遭受遺棄；有人利用相貌的優勢為自己謀得利益，更有人利用相貌在社會上生存。大千世界，芸芸眾生中，相貌其實就是那一張臉，臉型不同，膚色不同，人們經由這張臉去記憶，不熟悉的人因為這張臉而區別於另外的人。相貌不僅成為交往的名片，更成為選擇服飾必不可少的條件。相貌與旗袍的選擇息息相關，這是人們給旗袍和相貌所下的最好的結論。

旗袍與臉型

　　無論男子還是女子，都喜歡范冰冰的臉，美得天然，無可挑剔。女子們更是希望自己擁有漂亮的臉蛋，成為令人矚目的焦點，這就是臉型的魅力。其實，人們在遠處並不能看清女子的臉，只有在近處才能發現女子的臉型如何。正因為如此，女子們的臉型與服飾的搭配才更加重要，可以形成整體的印象，尤其對於穿旗袍的女子，更要注意自己的臉型與旗袍的搭配。

　　根據觀察，女子們的臉型大致分為以下幾類：長臉、圓臉、方臉、瓜子臉等。長臉型的女子，臉部細長，通常脖頸也較長；圓臉型的女子，臉部比較豐滿，脖頸通常也比較短；方臉型的女子，給人稜角分明的感覺；瓜子臉，是女子們喜愛的臉型，上半部趨向長臉，下半部逐漸變尖，是典型的美人臉。

　　結合臉型選旗袍，重點要在旗袍的領口和花色上下功夫，不同的臉型，選擇的結果註定不同。長臉型的女子，在選擇旗袍時可選高領旗袍，忌選V領旗袍；在圖案的選擇上，不應選長條格子，要以淡雅的小花為主。圓臉型的女子，臉部豐滿，要選擇低領、V領旗袍，旗袍的圖案不能選擇大花型，應以素雅或者細小的格子為主。方臉型的女子，可選無領或者小尖領旗袍，領口不要增加過多的裝飾，圖案不宜選大方格。瓜子臉的女子，可選擇小翻領旗袍，圖案可以選擇小橫格，色彩偏向亮麗，領部可增加裝飾。

　　除了根據臉型選擇旗袍外，還要注意脖頸的特點。脖頸長的女子，要選擇高領口的旗袍；脖頸短的女子，要選擇低領口

的旗袍。如果選擇相反，則會暴露缺點，使本來很美的旗袍，看起來反而不美，沒能發揮修飾臉型的作用。

不管是什麼樣的臉型，都取之於父母，有的吸收了父母的優點，從而使五官周正，看起來美麗大方；有的遺傳了父母的缺點，看起來可能有一些缺陷。儘管從臉型劃分，可能有的臉型美感強一些，有的臉型美感弱一些，但是無論如何，都應該感謝父母讓你來到這個世界上，更重要的是，愛美的女子還可以選擇適合的旗袍彌補自己的先天不足，如果從這個意義上說，女子不管什麼樣的相貌都是美的，而選對了旗袍會讓你變得更美。

旗袍與膚色

關於膚色，有色彩專家曾經按照季節進行了定義，比如他們把面若桃花的女子稱作春天的膚色，面如荷花的女子稱作夏天的膚色，面若菊花的女子稱作秋天的膚色，面若冰雪之人稱作冬天的膚色，此外，還有介於冷暖之間的混合色等。

既然膚色有了四季的劃分，根據膚色選擇的服裝顏色也會隨之變化。四季通用的顏色是棕色，同時，黑白灰是服裝裡永遠的正確顏色，如果膚色辨別不出來，只要穿黑白灰，就沒錯。

膚色的劃分通俗一些說，則有深淺之分，比如：深色皮膚、淺色皮膚，還有介於深淺之間的中性膚色，或者比較特殊的深棕色等，都是人們的正常膚色。在穿旗袍的時候，一定要

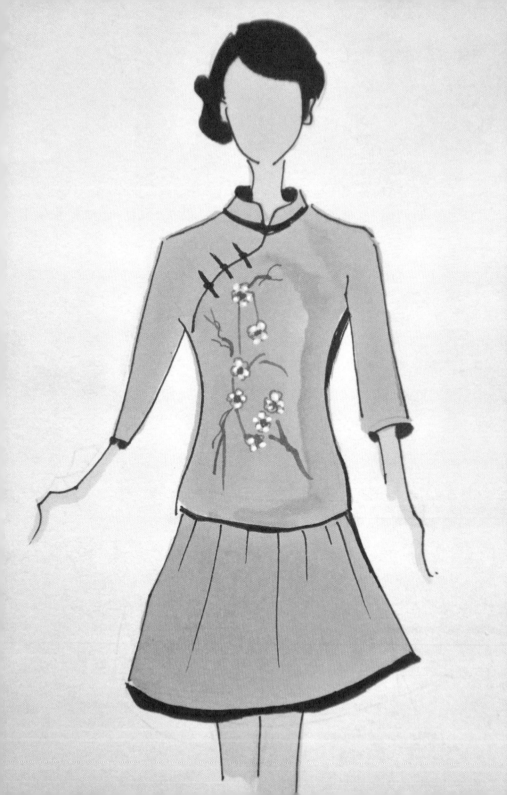

根據膚色來選擇自己的最愛。

　　膚色與旗袍的搭配有一定的原則，第一種是淺色，即比較白皙的皮膚，通常也是最好搭配服裝顏色的膚色。人們常說，一白遮百醜。皮膚白，穿各種顏色的旗袍都適合，但是為了均衡顏色，皮膚太白的女子，以選擇暖色調為主，比如：紅、黃、橙、粉等，黑白灰會讓膚色顯得蒼白憔悴，失去美感。第二種是深色，深色膚色的女子，皮膚的顏色很暗，與淺膚色的女子相比，在選擇旗袍的顏色時，可以凸顯黑白灰的主題，同時配以寧靜的綠色以及亮麗的黃色，讓深膚色煥發光彩。第三種是中性色，中性膚色的女子，面色不白也不黑，而是略微發黃，選擇旗袍時要格外注意顏色的搭配，暖色調的橙色是最佳的選擇，不宜選擇黑灰綠等顏色；還有一種深棕色，深棕膚色雖然不好選擇，但把握住一個原則，多用黑白調色，也會產生一定的作用。

03 ◆ 雍容典雅靜如蘭──旗袍與氣質

　　與一眾女友聚會，來了個妹妹，內裡穿著長款旗袍，外搭中式大衣，一條羊毛大披肩隨意裹在肩上，同聚的姊妹誇讚說：氣場太強大。所說的氣場，其實就是氣質的一種強烈表現。有氣質的人，往往會受人尊重。穿著旗袍的女子在自身的氣質之外，還會因旗袍的烘托，而讓氣質更加出眾。

旗袍與氣質

　　每一位女性都有自己的個性，包括性格、能力以及愛好興趣等，其中最能展現個性的就是女人的氣質。氣質可以經由多個方面來展現，比較明顯的是外在的氣質，比如臉部的表情、說話的語調、穿衣打扮的風格等；內在的氣質則是指女子的思想和才華。

　　從深層意義去理解，對於女人而言，氣質不僅表現在文化程度的高低，還有自身的修養以及外在的形象等方面。具體地說，女人的氣質中還包含交流的方式、社交的技巧、行為舉止的禮儀、身體健康狀況等，這些都構成了女人的氣質。

　　人們經常用「氣質如蘭」來形容高雅的女子，就是將女子的外在和內在進行了完美的結合。所以，內在的氣質與外在的表現對於女子來說都非常重要。著裝就是女子氣質的重要表現。有氣質的女子絕不允許自己的生活邋遢，一定會善加修飾，配得上氣質二字。穿旗袍的女子，如果既有外在的良好形象，又有自身完美的修養，二者結合在一起，就會煥發出無窮的魅力。

　　旗袍彷彿有一種魔力，會讓穿著者自然而然地斂心靜氣，展露出優雅的一面。仔細觀察穿著旗袍的女子，面部表情一定很柔和，說話的語調一定很溫和，做事的節奏一定很沉穩。旗袍對於女子，毫無疑問是成就女人氣質的一部分。穿著旗袍的女人，看起來會很有氣質；有氣質的女人穿上了旗袍，則更添風采。

旗袍與個性

　　旗袍的款式眾多，色彩和圖案也千變萬化，這就要求女子們一定要根據自己的個性類型進行選擇。不管是喜歡古典款式的優雅型，還是曲線迷人的嫵媚型，或者喜歡寬鬆版的休閒型，女子都能經由旗袍的不同款式、不同風格、不同色彩和不同的圖案與搭配，選到最適合自己的那一款。

　　古典含蓄型的女子，選擇的旗袍不宜太張揚。面料要高檔，款式要傳統，顏色要素雅，圖案要內斂，盤扣要精緻，領口袖口要協調，開衩儘量放低，項鍊耳環要配套，鞋子和手包的顏色要相同，如此，才能與優雅端莊的氣質更相配。

　　嫵媚活潑型的女子，選擇旗袍時與古典含蓄的女子正相反。顏色可以亮色為主，款式更加現代，圖案可以選大花，也可選大格，袖口領口可以更時尚，開衩可以高一些，盤扣可以選大花或者動物圖案，搭配的首飾可以誇張一些，鞋子和包的顏色以亮色為主，即使搭配高跟涼鞋也會穿出獨特的風格來。

　　輕鬆休閒型的女子，不喜歡收身太緊的服飾，很多女子其實喜歡禪服。禪服是旗袍的款式，但是相對比較寬鬆隨意，在面料的選擇上，以舒適透氣為主，價格也相對低一些。旗袍的領口和袖子不包邊，顏色多以淺淡為主，圖案多是山水田園一類，更呈現出閒適和無拘束感。可以不佩戴任何首飾，鞋以平底為主，包可以選擇草編或者皮條編織的大包。

　　根據個性類型選旗袍，可以給自己一個更明確的定位，避免選擇時無從下手。如果在街上看到穿旗袍的女子，經由旗袍

的款式和搭配，基本可以確定這位女子是哪一種個性類型了。

04 ◆ 款款風情看盛裝 —— 旗袍與衣飾

　　旗袍這一服飾的最大優點是，既可以獨立穿著，也可以與
其他衣飾進行搭配。獨立穿著時給人唯美的感受，與其他衣飾
搭配時給人整體和諧的美感。旗袍與哪些服飾搭配才更有效果
呢？其實，從旗袍誕生及發展的過程中就給出了答案。最初的
旗袍與馬甲搭配，屬於純粹的中式搭配；後來的旗袍融入西方
的元素，可以與洋裝搭配；再後來，人們發現旗袍與休閒外套
的搭配效果也很好，搭出了另一種風情；同時，旗袍與長褲也
可搭配，效果獨特。此外，旗袍與皮草的搭配可謂奢華至極，
在高端酒會等社交場合才得以一見，但隨著人們動物保護意識
的增強，穿戴皮草的女子在逐漸減少。

旗袍與洋裝

　　洋裝，尤其是女士洋裝，無論大翻領或無領款，都有收緊
的腰形，與旗袍的腰形相得益彰，二者的搭配是經典的中西合
璧款。長長的旗袍搭配短款的洋裝，洋裝的翻領或者無領凸顯
了旗袍的立領領口，看起來非常美觀、和諧，既有東方女性的
古典美，又有西方女子的現代美。融入東西方美學與色彩的旗
袍和洋裝，經過完美的結合，成為吸引人們視線的一道風景。

　　洋裝與旗袍搭配，雖然經典，但在色彩和圖案上也要注意均衡搭配。如果是純色旗袍與洋裝搭配，可選擇深色旗袍搭配深色洋裝，淺色旗袍宜搭配淺色洋裝；如果是同一色系，淺色洋裝可以與深色旗袍搭配，深色洋裝與淺色旗袍搭配，看起來比較和諧；如果洋裝有條紋，最好搭配素色旗袍；如果旗袍有條紋，則應選擇素色洋裝；如果旗袍是大花圖案，忌選擇大花的洋裝，可選擇深顏色的洋裝。不管怎樣搭配，旗袍與洋裝在色彩和圖案的風格上，一定選擇相近色，或者強烈的對比色，才能讓旗袍與洋裝的搭配更和諧、更有效果。

旗袍與外套

　　在旗袍外搭一件外套，目前很流行。外套的款式比洋裝略顯柔和，款式可長可短，喜歡長款的外套可搭長款，將旗袍的底邊完全遮住，只露出旗袍的領口，有一種神祕感；喜歡中長款的外套，可以露出旗袍的底邊，看起來別有韻味；喜歡短款的外套，可以露出腰部以下的旗袍，看起來溫暖、親切。

　　外套因為面料質地不同，搭配出來的效果也不同。針織面料的外套比較柔軟，絲麻面料的外套看著堅挺，卻很容易起皺。外套的質地一定要比旗袍本身的面料挺闊一些，如果外套的質地與旗袍相同，也會產生協調搭配的效果。

　　外套與旗袍一樣，最好做出緄邊。有緄邊的外套，看起來做工非常精緻，也展現了穿著者的匠心獨運。比如針織外套，在袖口和領口處加上緄邊，與旗袍的緄邊渾然一體。如果不是

針織質地，其他面料也可以緄邊，一定會給旗袍加分。

　　與洋裝不同的是，外套更能展現女子的柔美，大翻領、收腰型的外套彰顯了女性的曲線美，加上旗袍的腰形，讓整體服裝的美分出了層次。提花的外套富有立體感，鏤空的外套更時尚，平紋編織的外套隱隱地流露出質樸中的小奢華。如果旗袍的袖口從外套裡露出一點點，彷彿隱約中窺見了一些小祕密，想像中要多美就有多美。知性加優雅的組合，非外套配旗袍莫屬。

旗袍與大衣

　　大衣的款式很多，常見的有兩種版型，一種是收腰緊身款，一種是寬鬆休閒版。收腰緊身的大衣，腰部的曲線非常明顯，多配以大翻領；寬鬆休閒的大衣，腰部看不出曲線，衣領也多選擇立領，不管哪一種，都可與旗袍搭配。

　　與旗袍搭配的大衣，同時兼具長與厚兩個特點。穿大衣的季節一般以冬季為主，保暖的同時，也具備美觀的優點。由於冬季寒冷，如果裡邊穿旗袍時，搭配的大衣一定要在長度上超過旗袍，再配以高腰的鞋子，才不會擔心被凍壞。如果翻領大衣配旗袍，可以露出旗袍的立領和盤扣；如果立領大衣配旗袍，要注意大衣和旗袍的立領之間不要相牴觸，熨貼、平整才能發揮大衣的作用。

旗袍與長褲

　　旗袍與長褲相搭配，可以穿出兩種風格：一種是狂野型的大長腿風格，一種是遮掩缺陷的保守型風格。兩種風格的選擇，其實都是對旗袍搭配的大膽嘗試。穿著旗袍再穿長褲，很多人不理解，單純地以為是一種混搭風格，其實內中大有學問。

　　與旗袍搭配的褲子不是普通的長褲，最好在訂製旗袍時單獨進行製作，量體裁衣，才能取得好的效果。長款的旗袍可以搭配的長褲，一定要用寬鬆版的闊腿褲，在訂製旗袍時讓師傅給測量好。旗袍的開衩處，一般是搭配旗袍的長褲的褲腰位置，長褲要長及腳踝，比旗袍稍長半尺左右；在面料的選擇上，應選擇比較有動感的面料，走起路來才有飄飄欲仙的感覺。短款的旗袍，尤其是活潑開朗型的女孩子穿著，不必遵循傳統的搭配準則，即使搭一條牛仔褲，同樣會有讓人眼前一亮的感覺。混搭不僅是一種風格，更充滿了挑戰，不是人人都可以搭出特色。因為混搭不僅要求有曼妙的身材，高雅的氣質，更要有超強的服裝駕馭能力。

05 ◆ 點點妝奩配盛裝──旗袍與配飾

　　旗袍與配飾的關係如同做好一例家常菜，比如番茄炒雞蛋，以雞蛋為主，番茄也必不可少。如同配菜一樣，與旗袍這

道主菜相搭配的服飾、鞋子、髮型以及妝容等，所產生的作用都非常重要。穿旗袍搭配的鞋子很重要，髮型要精心地梳理，所說的梳妝打扮，其中也包括穿旗袍的時候一定要化妝。有如做菜的調料一樣，旗袍的其他配飾也決定了最後的效果，比如項鍊、耳環、手鐲、胸針、手包等，與旗袍搭配在一起，也要遵循一定的規則。

鞋子的選擇

　　一個人的整體形象美不美，除了穿戴的衣飾是否富有品味之外，主要還要看他的鞋子。在鞋子的選擇上，一定要注意跟旗袍的款式和顏色搭配好。

　　穿著旗袍的時候，可以穿高跟鞋也可以穿低跟鞋，還可以穿平底鞋。無論長款還是短款的旗袍，穿高跟鞋都是最佳選擇。現在流行女孩子穿長裙配上平底鞋，如果穿平底鞋與旗袍進行搭配，最好是搭配休閒款的長款旗袍。如果是比較莊重的旗袍，比如刺繡的旗袍，建議穿高跟鞋。普通旗袍可以搭配平底鞋。在鞋子的材質上，一般選擇純羊皮，即使不是羊皮的材質，也要選擇面料做工比較好的材質。

　　在鞋子的顏色搭配上，或者與旗袍協調一致，或者對比反差明顯。如果是刺繡或者帶圖案的旗袍，一定要穿黑色的或者白色的鞋子，與旗袍主料同顏色的鞋子也未嘗不可。如果是素色的旗袍，可以搭配黑色鞋、白色鞋以及帶顏色的鞋子。布面的鞋子是否可以選擇呢？當然，如果穿棉布旗袍時，也可以選

擇。有人特別喜歡繡花鞋，可以搭配旗袍，但要注意穿著的時候，與旗袍的顏色一定要一致，或者旗袍的花色與鞋子上的顏色相近。

穿上一款合適的鞋子，再搭配一襲長款旗袍，就能讓穿著旗袍的女子看起來亭亭玉立，腳下也生輝。搭配旗袍的鞋子從材質上可分為以下幾類：牛皮鞋、羊皮鞋、豬皮鞋、緞面鞋、棉布鞋等，材質最好的當屬羊皮鞋；從款式分，有短靴、船鞋、涼鞋、魚口鞋等，穿旗袍常搭配的鞋款是船鞋；色彩方面，常見的有黑、白、灰、紅、綠、藍、棕以及現在比較流行的金色、銀色和槍色等，其中以白色和黑色的鞋子搭配旗袍較多，其他顏色相對利用率較低。現在很多女子喜歡黑色或銀色鑲鑽的鞋子，搭配旗袍時的效果很好。

總之，鞋子一定要穿著舒適，看起來與旗袍協調，才能展現整體的美。

項鍊＋耳環＋胸針的選擇

一件旗袍穿得美不美，除了旗袍本身的魅力之外，還要有選擇性地進行搭配。除了與旗袍搭配最佳的鞋子和適宜的髮型外，與旗袍搭配的飾物也很重要。通常與旗袍進行搭配的，主要有項鍊、耳環、手鏈或者手鐲以及胸針等。旗袍在搭配上有諸多要求，正確選擇這些與之搭配的物件，從而讓旗袍看起來更有光彩的最好辦法，就是成套地進行首飾搭配。比如項鍊與耳環成套，耳環與胸針成套，不僅產生和諧的美感，還會有風

格一致的氣韻，為穿著旗袍的女子提升外在的氣質。當然，也可以選擇首飾單品搭配旗袍。精心的選擇，同樣能為自己加分。

◎ 項鍊的選擇

穿上一款旗袍，本身已經將衣飾提升了一個層次，如果再搭配一條項鍊，由內而外的美就會像小溪一樣流淌，給人清新之感。既然項鍊與旗袍搭配的效果如此重要，在選擇項鍊時，就要考慮與旗袍的整體協調。

項鍊從材質上可分為：珍珠項鍊、黃金項鍊、鉑金項鍊、玉石項鍊、水晶項鍊，其餘還有景泰藍材質的項鍊等。從顏色上看，黃金項鍊、鉑金項鍊的顏色比較亮，水晶項鍊的光澤耀眼奪目，珍珠項鍊可以分為白色、黑色、金色、粉色等顏色，其餘材質的項鍊也有多種顏色。既然項鍊有各種顏色，與旗袍搭配時就要注意色彩的選擇，搭配太繁雜，反而影響了旗袍的整體美。

與旗袍搭配最佳的不是黃金項鍊和鉑金項鍊，而是珍珠項鍊和水晶項鍊。黑、白兩色的珍珠項鍊不僅可以搭配各種素色旗袍，還可以搭配有圖案的旗袍。彩色的珍珠項鍊與旗袍搭配時，可選擇與旗袍底色一致的顏色，或者進行對比色的搭配。顏色選擇好，看起來才夠協調。不管哪一種顏色的項鍊，只要與素色旗袍搭配，都會給旗袍增色。

搭配項鍊時，不僅要注意旗袍款式和顏色的選擇，更要注意對旗袍面料的選擇。面料厚重宜選擇珍珠項鍊，面料輕薄宜選擇金質項鍊；錦緞面料的旗袍可以配珍珠項鍊，真絲面料的

旗袍可以選擇金質項鍊，絲絨面料可以選擇水晶項鍊等。旗袍的領口與項鍊的搭配也是亮點，低領旗袍宜搭配誇張一些的項鍊，高領旗袍可以搭配長款項鍊。項鍊的長度要適中，身材高䠷的女子可選擇短一些的項鍊，身材嬌小的女子宜選擇長一些的項鍊，均衡搭配，才能收到理想效果。

對於那些傳統款式的旗袍，可以選擇珍珠項鍊進行搭配；具有現代感的旗袍可選擇黃金項鍊或者鉑金項鍊進行搭配。從年齡來劃分，年齡大一些的女子選擇項鍊時，應選擇質地比較貴重的項鍊，年輕女孩可以選擇裝飾性強的項鍊。但同時要注意，如果穿著一款價位很高的旗袍，一定要搭配品質上乘的項鍊，反之，會給人廉價的感覺。

◎ 耳環的選擇

穿著旗袍，只戴項鍊不帶耳環，似乎缺少了什麼。女人都追求完美，配得上完美兩個字的旗袍配飾，一定是項鍊和耳環的配套搭配。耳環分長短，長款耳環垂至肩頭，有環佩叮噹的感覺；短款耳環幹練清爽，給人俐落之感。還有一種歸結為耳環範疇的耳釘，細節中透出個性，是年輕女孩的首選。

耳環的材質與項鍊一樣，黃金耳環、鉑金耳環、珍珠耳環、水晶耳環、景泰藍耳環以及各種不同材質的耳環，因形狀不同，耳環搭配的效果也不同。雖然耳環形狀各異，但在搭配時的總體原則一定要把握好，不僅注重款式的選擇，還要注重顏色的協調，一定要與旗袍的顏色和款式搭配好。長款旗袍不宜搭配過長的耳環，短款旗袍不宜搭配較大的耳環，選擇的耳環要凸顯人體的長度；戴眼鏡的女子不宜選擇長耳環，應選耳

釘調節長度；碎花或者格子的旗袍要搭配簡潔一些的耳環，素色旗袍可以搭配稍微誇張一些的耳環。

穿旗袍搭配耳環，目的是讓穿著的女子看起來更加端莊、典雅，所以，在選擇耳環時注意不要花俏，保持低調奢華的品格，更要注意根據年齡進行選擇。穿上旗袍，就會顯得莊重，如果選擇的耳環太張揚或者太輕佻，則不能展現旗袍服飾的特色。如果選擇小女孩的配飾，比如卡通款或絨花之類，則給旗袍添加了一大敗筆。

◎ 胸針的選擇

一次筆者參加一個晚會，臺上的主持人佩戴一款胸針，在燈光的映襯下，亮晶晶地閃著光，為穿著黑白搭配旗袍的她增加不少亮色，這款胸針註定給觀眾留下難忘的印象。所以，選擇一款好胸針，能夠把穿旗袍的女子妝點得更美。

胸針的選材與耳環一樣，珍珠鑲嵌、金質、合金等成分居多，款式更是紛繁，植物型、動物型、創意抽象型等，越來越多的款式在市場中呈現，為人們留下了足夠的選擇空間。

與旗袍搭配的胸針，不僅講求質地，更要注重款式。素色旗袍可以選擇質地上乘、品質高雅的胸針，帶圖案的旗袍一般宜選擇素淨一些的胸針，如果圖案誇張，則不能佩戴胸針。胸針講求造型，簡潔、美觀的造型可以為旗袍增色。同時要特別注意，如果穿旗袍時佩戴了項鍊，就不要佩戴胸針，反之，佩戴胸針亦不能佩戴項鍊。如果將項鍊和胸針都佩戴於旗袍之上，則令人感到繁瑣，失去了應有的作用。

穿旗袍佩戴胸針時，要注意佩戴的位置。一般可以放在前

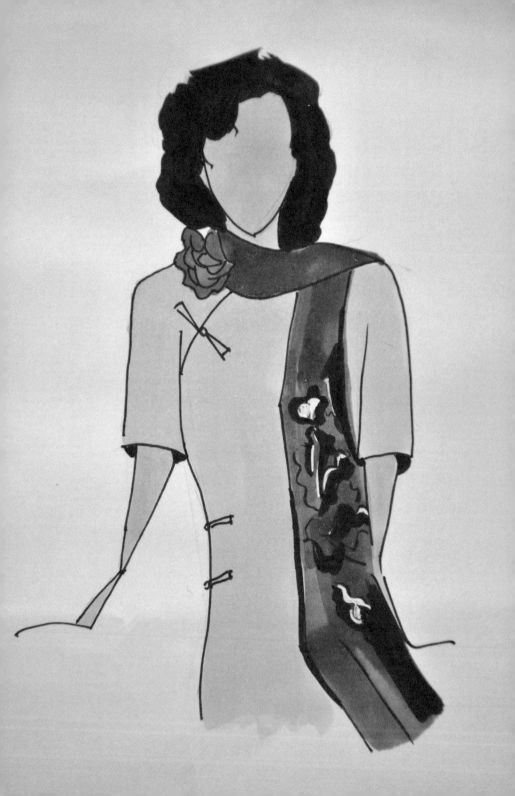

胸兩個位置,或者左側或者右側,也有喜歡將一對成套的胸針放在衣領下,具有修飾臉型的作用。如果單別一枚胸針,可以讓臉部看起來更瘦,對於面部比較豐滿的女子非常適合。

穿上旗袍又想搭配首飾的女子,在難以選擇時,最好選擇配套款。同色同質地的胸針搭配耳環,再與同色或者對比色的旗袍搭配,一定會收到意想不到的效果。

手鏈+手鐲+手包的選擇

手是人體的重要組成部分,手的作用不可忽視。對於手的修飾不只局限於護膚、美甲,還有外在的一些裝飾,能讓手部的美呈現在人們面前。手鏈和手鐲是手腕部的重要裝飾,人們看到手之前就會將目光停留在腕部,如果這時被觀察的女子恰好佩戴著一款手鏈或者手鐲,瞬間的美便會流露出來。佩戴手鏈和手鐲其實是一種低調的美,不會輕而易舉地顯露,含蓄中的大美,才是最吸引視線的。手包是日常生活中女子必備之物,穿旗袍拿手包,是不成文的規矩,可見手包對於穿旗袍的女子來說是多麼重要。

◎ 手鏈的選擇

手鏈的材質與項鍊相同,包括黃金、鉑金、珍珠、水晶等,此外,還可以用玉石做成手鏈。目前市場上流行的裝飾手鏈造型明快,也是不錯的選擇。手鏈搭配在穿旗袍的女子手腕上,能夠增加旗袍的靈動,為旗袍增添美麗。

在手鏈的選擇上,一定要精緻。對顯得大而空的手鏈,比

如像寶珠一樣大小的手鏈，戴在穿旗袍女子的手上就顯得不夠和諧，給人一種暴發戶的感覺，展體現不出女子的文靜之美。

選擇手鏈時，一定要注意手鏈的材質和項鍊的材質保持一致，或者都是珍珠，或者都是鉑金，或者都是精緻的同材質用料。不管在日常生活中，還是參加某種活動，同質地的選擇永遠不會出錯，這條原則適合不喜歡動腦筋去思考如何搭配或者生活節奏比較快的女子。

手鏈與旗袍搭配，在顏色上有一定的要求。深顏色的手鏈可以搭配淺顏色的旗袍，淺顏色的手鏈也可以搭配深顏色的旗袍，或者採用手鏈與旗袍顏色一致的搭配。黑、白、金色手鏈適合各種顏色的旗袍，手鏈的顏色可與旗袍圖案中的一種顏色相同。如果手鏈與項鍊和耳環進行搭配，或者在顏色上取得一致，或者在款式上相同，這樣與旗袍相搭配時，則為最佳的選擇。總之，一款適宜的手鏈，能夠給人簡潔明快的感覺，也使穿旗袍的女子看起來更具風姿。

◎ 手鐲的選擇

市場上銷售的手鐲一般都是玉手鐲。玉手鐲按照產地大致可分為和田玉、藍田玉、岫玉、南陽玉；按照品種劃分可分為綠玉、白玉、綠白玉、紫玉、黃玉、墨玉、羊脂白玉、芙蓉紅玉等，這些都是很不錯的玉石，用其製作的手鐲做工精良，圓潤光滑，佩戴在腕部有絲絲涼爽的感覺。

從玉石的品種可以劃分玉石的顏色，一般有深綠、淺綠或者淡黃、深黃以及白色、乳白、透明白，甚至紫色等顏色。無論哪一種顏色，都可以跟旗袍進行搭配，只是對其與旗袍的顏

色對比有明確的要求。

　　如果手鐲的顏色與旗袍的顏色相同或者接近，完全可以選擇。如果旗袍的顏色與手鐲的顏色形成鮮明的反差，則在選擇時要根據顏色的對比度適當地進行選擇。最佳搭配為，素色旗袍可以選綠色或者是黃色的手鐲，即使是紫色的手鐲也可以搭配。如果旗袍的顏色為淺色，則可以選擇深色的手鐲與之搭配。玉石的手鐲，如綠色和白色，可以跟各種顏色的旗袍相搭配。另外還要注意手鐲的材質一定要和項鍊、耳環的材質保持一致，即便不能做到材質一致，在顏色上也應保持一致，如此，才能發揮整體裝飾作用。

◎ 手包的選擇

　　手包之所以稱為手包，是因其尺寸大小適當，拿在手裡輕重合宜，符合女子楊柳清風的感覺。如果穿旗袍的女子背著大包，則大包一定要拎著，因為大包的分量重，對旗袍的肩部面料可能造成損傷，影響旗袍整體的穿著壽命。所以，穿旗袍的女子在選擇提包的時候，一定要選擇手包。

　　手包的材質有牛皮、豬皮、羊皮、絲質、錦緞、棉布等面料，其中羊皮手包最精緻，馬毛的手包很時尚，絲質帶刺繡圖案的手包外觀很精巧。手包的顏色很多，與服飾的搭配一定要注重顏色的協調。深淺適宜，對比適度，同色相偕，忌紅包搭配綠旗袍，花包搭配不同圖案的花旗袍。

　　儘管手包可選擇的範圍比較寬泛，但在選擇時，仍要注意根據旗袍的厚薄來決定手包的款式。穿著厚款的旗袍，可以拿皮質的手包；如果穿著薄款的旗袍，比如說絲質旗袍，手包的

材質最好也用絲質；如果穿著絲絨的旗袍，手包最好也選擇絲
絨面料；如果是棉麻材質的手包，穿著的旗袍也應是棉麻之
類。手包材質的厚薄程度，一定要與旗袍的面料材質相呼應。
如果是同色同材質，看起來效果最好。

　　手包的做工一定要精緻。做工粗劣的手包會影響旗袍的整
體效果，所以在選擇的時候，一定要注意。有女子喜歡兔毛或
者馬毛的手包，如果是劣質產品，拿在手裡掉毛，在公眾場
合，就會貽笑大方。品質上乘的毛版手包，最好在冬季寒冷的
時候使用；如果炎熱的夏季或者穿著薄款旗袍的時候使用，看
起來比較滑稽，最好不要選擇。

披肩的選擇

　　在一次小型聚會上，文化服飾訂製的愛君女士來時穿著長
及腳踝的旗袍，披著駝色的披肩，長髮垂落在披肩上，一進到
室內，彷彿一股淡雅的清風，驚豔了身邊的女伴。

　　披肩被穿出了神韻，不僅因為它本身富有靈性，還因為披
肩與旗袍是絕配，不僅讓寒冷冬季裡的女子增加了保暖的功
能，還將旗袍的端莊表現得淋漓盡致。披肩與旗袍，用「脣齒
相依」來形容一點也不為過。

　　一款精美的披肩，講求質地和款式，在材質上大致可分為
羊絨、羊毛、真絲、錦緞、皮草、棉毛混紡、醋酸纖維等，皮
草和羊絨價位較高，混紡和醋酸纖維價位較低；在圖案設計
上，有純色、印花、提花、刺繡、鏤空等，常見的是純色和印

花圖案；在色彩上，可分為黑白灰系列、金橙咖系列、紫藍粉系列等，或明或暗，要根據旗袍本身的顏色以及穿著旗袍女子的膚色進行不同的選擇。

披肩與旗袍搭配時，要注意不同的季節搭配不同質地的披肩。春秋兩季，可以搭配真絲披肩，冬季寒冷，可搭配羊絨、羊毛或者皮草披肩。同時，在選擇時要根據旗袍的面料決定披肩的材質。如果旗袍面料很薄，要選擇質地輕柔的披肩；如果旗袍面料很厚，可以選擇加厚款的披肩，避免給人頭重腳輕之感。

適宜的髮型

穿旗袍的女子梳什麼樣的髮型才好？這是女人們最關心的問題。一九二〇、三〇年代電影明星的波浪捲給人們留下了很深的印象。今天很多女子拍攝旗袍照，也喜歡將頭髮做成波浪捲，拍出復古的風格，留待紀念和回憶。

穿著旗袍非常講究風韻，若想展示旗袍女子的完美狀態，在髮型的選擇上，必須要有所講究。因為人們看一個人美不美，不僅會看這個人的五官，還要看其髮型修飾得是否精緻。

無論長髮短髮，直髮捲髮，都可以穿旗袍，而穿旗袍的女人梳理出不同的髮型卻很重要。穿旗袍的女子將頭髮高挽起來，梳著盤髮，最能跟傳統旗袍和諧搭配，但是隨著旗袍的改進，變得越來越簡潔，髮型也隨之進行相應的改變。盤髮不再是唯一的選擇，披肩髮、短髮、辮子髮型等，也與旗袍相配。

一般情況下，穿旗袍最適宜的髮型應該是盤髮和捲髮。只是髮型的選擇，要結合身高和臉型進行設計。

身材修長的女子，可以梳直髮，顯得飄逸，有仙氣；身材嬌小的女子，可以留短髮，拉長脖頸的同時，增加身高比例，看起來幹練、清爽。無論身材高矮，都可以捲髮或者盤髮。捲髮讓旗袍女子顯得嫵媚，有一種性感的美披在肩上，給人一種飄然的感覺，彷彿靈魂有香氣；如果盤髮，會將旗袍女子的身材比例增高，凸顯旗袍全身的美感。所以，穿旗袍的時候，盤髮效果最好。

臉部圓潤的女子可以盤髮，盤髮優雅，讓圓潤的臉部變得和諧；臉部修長的女子可以梳捲髮，掩飾細窄的臉部，讓面部看起來豐滿。髮型的選擇也可以根據個人的愛好，不管盤髮還是披肩髮，不論短髮還是梳成辮子，穿上旗袍時只要凸顯優雅和古典、現代與活潑感，就是成功的搭配。

妝容與搭配

據說著名作家嚴歌苓每次寫作時，都要畫好精緻的妝容，其實，舞蹈演員出身的她，具備了良好的藝術天賦，又有後天的文學滋養，本身就散發著迷人的氣質。為何還要如此裝扮自己？除了對美的追求外，妝容還決定了自己美好的心情。很多女子不化妝不出家門並不是對自己有多麼嚴苛，而是對美好生活的重視和認知。

旗袍這一服飾，帶有自身的莊重和典雅，要求穿著旗袍的

女子必須精心修飾自己，濃妝淡抹總相宜的感覺，才能與旗袍服飾相配。妝容的和諧，總能顯現出一種氣質，畫著淡妝，穿著旗袍，才更加精緻可人。誰不喜歡女子的優雅，誰能拒絕迷人的風采呢？

　　穿旗袍時的妝容，要側重面部膚色、眼睛、脣部等部位，選擇適合膚色的面霜、柔和的眼線筆、顏色相搭的口紅非常重要。同時，要注意面部整體的結構美，分層次化妝。畫好膚色後，畫眼線眉毛，再畫口紅腮紅等。如果面部膚色顏色比較暗，要選擇從深至淺的粉底，眼線勾勒出深棕等顏色的輪廓，口紅選擇純紅色或者透明色；如果面部膚色是柔和的中性色，可以選擇過渡色的粉底，眼線選擇黑色和棕色均可，口紅和腮紅可以選粉紅色和橙紅色；膚色較白的女子，可以畫出棕色眼線，口紅的顏色可以選擇淺紅、淺粉、玫瑰色等顏色。此外，還可根據女子的性情來化妝，比如外觀冷傲的女子，應該化柔和的淡妝；外觀柔和的女子，適當化出有些稜角的妝容等，都是最佳的選擇。

　　女子的妝容，很大程度上也決定了她的氣質。一絲不苟的妝容，代表生活的精緻；邋遢不羈的外表，給人不修邊幅之感。生活是隨意還是精緻，也代表一個人的修養和身分。與旗袍相搭配，不僅是服飾，更重要的還有妝容。妥貼的服飾加上美麗的妝容，才能讓自己與精工細作的旗袍相配，如此，才能穿出旗袍女子的大家風範。

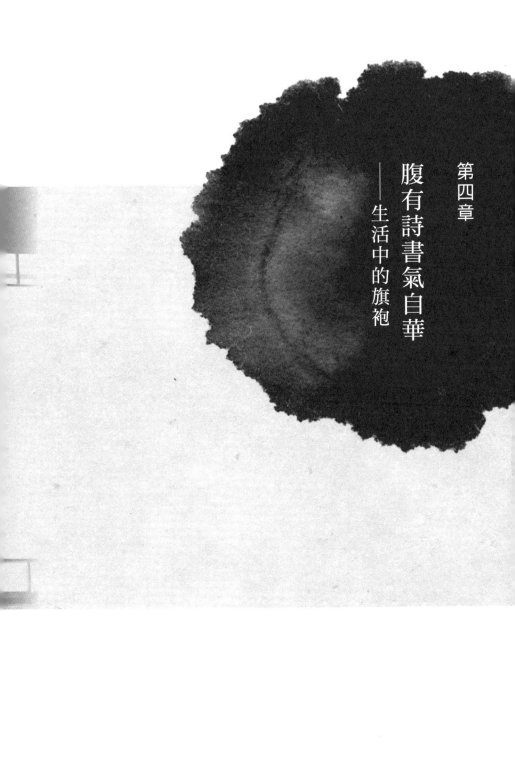

第四章

腹有詩書氣自華

——生活中的旗袍

無詩書禮樂，便無精緻人生。穿著旗袍的女子，不僅外在的形象重要，內在氣質的昇華同樣重要。腹中空空，虛有外表的美麗，穿不出旗袍的風采；滿腹經綸的女子，稍加裝扮，就會穿出旗袍的風韻。可見，生活中的旗袍，並不是簡單的服飾，與生活相搭的旗袍，才是有氣韻的服飾。人的美不僅要靠衣裝，更要修煉內心。一個內心世界充實的女子，穿著旗袍時魅力有加，自信心極強；內心世界虛無的女子，即使穿著旗袍，仍然會露出誠惶誠恐的一面。讀書，不斷地充實自己，才能讓生活中、職場裡的你，成為獨特的存在。高調，則令人豔羨；低調，則不懼塵埃，把生活過得更美好，人生過得更精彩。

01 ◆ 步步精心——旗袍禮儀

　　中國是禮儀之邦，生活中處處透出禮儀，大到國家事務，小到家庭細節，每一處都離不開禮儀。弘揚傳統與文化，成為

每一位公民不可推卸的責任。儘管穿衣戴帽，各好一套，但是穿著旗袍時，最講究的就是禮儀。不懂得禮儀的女子，即使穿上旗袍，也不會得到他人的尊重。旗袍與禮儀，講求的是和諧，雖然沒有硬性規定的禮儀，但違背了常規，同樣會讓人不齒。禮儀，滲透於生活的各個層面，展現於工作、慶典等不同場合，旗袍禮儀，則是考驗旗袍女子的一面鏡子。

日常生活裡的旗袍

日常生活裡應該穿什麼樣式的旗袍呢？許多女子都在問同樣的問題。如果非要作答，其實日常生活中，並沒有太高的要求，喜歡穿什麼就穿什麼。比如喜歡浪漫的女子可以穿裙裝，性情潑辣的女子可以穿褲裝等，沒有硬性的規定，根據個人喜愛決定。只是時尚的大潮中，各種衣飾不斷推陳出新，旗袍的曲線美與十足的女人味，讓喜歡穿旗袍的女子越來越多，成為一種時尚，最引人注目。

旗袍融入了生活，帶來一股清新的審美氣息，為日常生活帶來無限生機和活力，讓女性的生活願景不斷更新，有所期待，有所企盼。日常生活中的旗袍，首先在面料的選擇上傾向於簡潔，要特別注重舒適度，比如棉質的旗袍，在日常活動中比較隨意；在圖案的選擇上也以碎花和細格子為主；如果選擇帶有色彩的旗袍，也是清淡舒爽的顏色為宜，比如淺天藍、淡綠色、淺粉色等都是生活中女子的最愛。

喜歡濃重色彩感的女子，可選擇黑色線條的旗袍，或者黑

白條紋的旗袍；墨綠色、淺灰色、卡其色的旗袍色彩簡單，適合富有藝術氣息的女子；生性活潑的女子宜選擇大紅、黃色或者橙色的旗袍，彰顯個性；山水等有繪畫感的旗袍，對於喜歡藝術的女子來說，是最好的選擇。

小時候喜歡白底藍花的圖案，在選擇旗袍時，你也可以嘗試一下，古老的藍和純淨的白搭配在一起，立體感非常強；那些紮染的面料，帶著濃濃的民族風情，閒適又不受束縛；細碎的小花紋面料，看起來有小家碧玉的沉靜，最適合居家穿著；穿上帶有書法和繪畫的旗袍，與三五好友逛逛書店和商店，總是引人注目。

日常穿著的旗袍，不管是國畫風格還是素描風格，總能透出內在的優雅，在低調中一不留神也會成為焦點。那些點綴在肩頭、腰身、前襟或者裙擺處的花朵等圖案，凸顯了各自的部位，讓身體的各個部分都透出曲線，給人美的享受。

各種顏色的亞麻布旗袍，是日常生活中必不可少的一件衣飾。亞麻雖然易皺，但透氣性能極佳，對於日常居家的女子來說，亞麻面料製成的旗袍給休閒生活增添了知性的氣質。到野外去攝影，也可以穿著亞麻面料的旗袍，人群中最讓人矚目。

面料以圖案為主體的旗袍，不論材質，單是圖案就會讓人有一種耳目一新的感覺。色彩鮮明的對比，比如紅綠相間、粉藍相間、灰紅相間，這些色彩都能調節人們的視覺，尤其適合性格外向的女性穿著。紅如烈火，綠如原野，粉如牡丹，藍如大海，灰如暮色，紅如夕陽，每一種顏色都有自己的色彩語言，傾瀉在各種面料上，織出來的就是多彩的生活。如果朋友

間的小聚,穿上這些旗袍,於人於己,都會覺得生活愈加甜
美。

職場歲月中的旗袍

職場中的女性多以洋裝為主,或穿裙裝,或穿褲裝,顏色
始終在黑白灰棕之間變換,一旦這些裝束被旗袍所取代,或多
或少會有一種不適感。民國時期的女性可以穿著旗袍去工作,
時代前行了將近一百年,現代的女子為何不可以穿著旗袍去工
作呢?

職場中的女子如果穿上旗袍,則展現出不同的職業形象,
給人不同的感受,更傳達出不同的訊息。這就要求穿旗袍的女
子,必須注意所穿的旗袍要寬鬆有度,以方便工作為前提,在
色彩上保持淡雅素淨的風格,不能以誇張豔麗引人側目。

職場裡的旗袍,在顏色的選擇上以黑白為主色,配以各種
深顏色,力求端莊、沉穩,即使碎花旗袍,也要以素淡的深色
小花為主。最常見的有純黑色旗袍,莊重中的雅致,再配以小
小的珠片,更顯精緻;格子旗袍,帶有明顯的淑女味道;小圓
點旗袍,舉手投足間透著文靜。如果是身材高姚的女子,可以
穿一些有圖案的旗袍,但不宜太誇張;身材嬌小的女子,在選
擇旗袍時,不能穿壓縮身材比例的旗袍。

在旗袍面料的選擇上,職場不建議選擇純棉、亞麻、織錦
緞等面料,應選擇毛呢和真絲面料的旗袍,有厚重感,也讓穿
旗袍的女子更透露出大家閨秀的端莊。如果旗袍的領口、袖口

和底邊再加上緄邊的設計，做工的精緻，將女子的高貴氣質顯露出來。職場女子穿著的旗袍，可選擇改良款，如果是對開襟的旗袍，就會讓知性女子看起來更溫婉。

旗袍本身就是烘托人體曲線的最佳服飾，旗袍的開衩歷來都有若隱若現的神祕感。職場旗袍在開衩的處理上，一定不能選擇高開衩，不要在職場裡給人遐想的空間，只有低開衩的旗袍才適合職場女性。總之，剪裁適度、面料舒適、顏色適合、做工精良的旗袍，才能充分展現職場女性的獨特氣質。

婚慶場景裡的旗袍

在各種慶典中，經常看到雙手托著禮品盤的禮儀小姐，她們穿著大紅的旗袍，高挽著髮髻，亭亭玉立的形象給人們留下很深的印象，甚至有時候，這些禮儀小姐會成為慶典上的一道風景。在慶典活動中，不僅禮儀小姐穿著旗袍，一出場就帶來一種美感，那些莊重文雅的女性也逐漸穿起了旗袍。於是，穿著旗袍的女子讓慶典活動的層次得以提升，也更展現了對活動的重視程度。

自一九九○年代起，婚禮旗袍逐漸開始流行，直至現在，流行的範圍更廣，婚禮旗袍的檔次也越來越高。幾乎每一場婚禮，女孩們都是將婚紗脫下之後立即換上旗袍，旗袍不論從款式上還是從質地上，都有了很大的提升。隨著旗袍的改良，不同款式的旗袍在婚禮上都煥發出光彩。

在一場完美的結婚典禮上，新娘子都會穿著大紅或者粉紅

的旗袍，紅色寓意喜慶，粉色寓意吉祥，兩種主打色如果再配上各種刺繡，或龍或鳳，或是雲水圖，或是牡丹和玫瑰，穿在美麗的新娘身上，不僅是吉祥如意的象徵，更展現了一種濃濃的中國風。周旋於親朋好友間的新娘，立即成為全場嘉賓注目的焦點。

要知道，一場喜慶的婚慶典禮對於女子一生來說是多麼的重要。在婚禮慶典的那一刻，她從一個家中的嬌嬌女、父母的掌上明珠，變成了他人的妻子，而在未來的人生道路上，更會成為母親。在這個富有轉折的時刻，哪一個新娘不想讓自己展現最美的一面呢？既然如此重要，在選擇婚慶旗袍的時候，不僅要注重面料和款式，還要注重自己的身高和氣質，再選擇合適的手袋和鞋子、頭飾等進行搭配，才能恰到好處地展現新娘此時的心境，給自己一生留下一次美好的回憶。

在選擇新娘旗袍時，宜選擇品質好、顏色鮮豔的面料，比如織錦緞和絲絨面料。傳統、大氣的織錦緞旗袍，穿在身上富貴、典雅，絲絨面料的旗袍下垂感比較好，色彩隨著燈光富於變化，動感的底邊極有韻律。在色彩搭配上宜選擇紅色和粉色，其中紅色為主打色。在款式上，保守一點的女子可以穿立領長袖旗袍，活潑一些的女子可以穿低開領、露肩背的旗袍。同時，婚慶旗袍以長款居多，一款曳地長旗袍，配上紅色或粉色的高跟鞋，更能顯露新娘的端莊與華美。尤其收腰的曲線，襯托出新娘修長的身材，在婚禮上，能夠在燈光的照耀下讓新娘更加明豔動人。

聚會酒會時的旗袍

與友人聚會品嘗佳釀，對於時尚女子來說，可謂人生一大樂事。聚會時與老友重逢，與新友結識，滿足不同目的，比如懷舊敘舊，比如商場合作，比如尋覓佳人等，不同的人們走到了一起，誰都不想給自己的形象丟分。於是，在參加聚會或者酒會時應該穿什麼，就成為眾多女子關心的問題。

做為中國最具古典與現代美的服飾，旗袍當然是聚會和酒會參與者最好的選擇。猶如傳統的酒文化根植於人們內心一樣，旗袍文化也正在慢慢地浸潤著女子。繁忙中的人們也許無暇顧及自己的服飾，但出席聚會和酒會這樣的社交場合仍然不免裝扮一下自己。很多女子站在衣櫃前，望著一櫃子的衣服卻無從下手，如果備有幾件旗袍，此時定會省去很多時間。品酒品的是格調，穿著旗袍的女子同樣有一種與眾不同的情懷，穿上旗袍參加聚會和酒會，更是展現了一種人生態度。

並不是每一種面料和款式的旗袍都適合聚會和酒會時穿著。友人間的小聚可以穿著普通的棉布和亞麻面料的旗袍，高端的酒會上穿著的旗袍則要剪裁合體、做工精緻，能夠凸顯曲線美，在面料的選擇上要根據季節的不同進行選擇。如果是夏季舉辦的酒會，可以選擇質地精良的真絲面料，動感飄逸；冬季可以選擇毛呢面料，既保暖又增加穩重感；春秋兩季選擇錦緞和絲絨面料，華彩照人而又優雅從容。

聚會時的旗袍可以選擇大花圖案或者山水圖案，以及格子或者鮮豔的純色，旗袍的長度可過膝可不過膝，長度根據個人

身高和體型決定。而參加酒會時穿著的旗袍一般應沒有太多的圖案修飾，即使有圖案，也是以高端的刺繡為主，比如繡上一朵牡丹、一枝臘梅、一葉蓮花等，看起來華貴柔美；如果是純色旗袍，一定要搭配凸顯亮點的首飾，項鍊、耳環、手鏈等，如果不佩戴項鍊，別上一枚胸針同樣會有效果。

酒會旗袍一般都過膝，尤以曳地旗袍居多。動感的韻律，讓東方女子的美在旗袍的下擺處流動。在旗袍的款式上，可選擇真絲緞面的高領長款旗袍，也可選擇絲絨面料的低領或無領旗袍等。如果在領口處加上一點小裝飾，如一枚小花圖案的水晶胸針，或者與旗袍刺繡顏色相同的緄邊，都會點綴出旗袍的藝術感。

酒會旗袍的色彩以金色閃光錦緞，黑色、紫色、藏藍色、酒紅色絲絨面料為主打色，在肩部和收腰處加入一點裝飾，可以拉長整體視覺。如果不知道哪一種顏色適合自己，就選黑色。有人說，黑色會不會太沉悶了？可以動動腦筋，搭配一些裝飾就能解決大問題。帶有顏色的項鍊等首飾，都可以調整色調，既然黑色是酒會經典的顏色，就在配飾上下點功夫，這是節省時間的最好辦法。

參加酒會時，要提前瞭解一下出席人員的年齡和層次。如果年輕人居多，則裝扮得時尚靚麗一些；如果以年長者居多，則以沉穩內斂的風格為主。根據不同的場景穿上適合自己的旗袍，非常重要。最後要記住：穿著旗袍出席酒會一定要穿上或深或淺或與旗袍同色系的高跟鞋，如果只是去參加朋友聚會，平底鞋也無所謂。

02 ◆ 旗韻生香——旗袍文化

　　總有人問：什麼是旗袍文化？文化有形也無形。個人理解，其實文化就是浸入骨髓的一種精神，日積月累後得出的一種結果。旗袍文化便是這種精神的延續，展現在服飾這個載體上，給予女子薰陶，是滲入心靈深處的德與美，以及外在的氣質與修養的總和。

旗袍與讀書

　　英國詩人約瑟夫‧艾迪生說：「閱讀，是優質生活的一個基本工具。」經歷過困境的人們，一旦從困境中走出來，就會經由自己的努力來創造美好的生活。而優質的生活，是讓人們的內心充實，外在形象堅毅，由內而外地生發出快樂，並展現在內在的健康與外在的服飾與儀容上。讀書，正是迎合了人們的這種需求。

　　讀書可以提升修養，讀書可以改變氣質，讀書可以增加內涵，讀書可以提升形象。英國作家培根在《論人生》一書中說：「當你孤獨寂寞時，閱讀可以消遣。」作家冰心說：「我永遠感到讀書是我生命最大的快樂。」可見讀書不僅勵志，也排遣孤獨；讀書不僅令心靈充實，也讓人生快樂。

　　讀書是放逐心靈的一種方式，讀書時，如果穿上一件旗袍，會有莊重之感。讀書不僅是一種形式，更是經由形式去感悟內涵，透過讀書的行為，品味讀書與服飾的相容、文字與內

心的相通，穿上了旗袍，體會或許更深。

培根說：「形體之美要勝於顏色之美，而優雅行為之美又勝於形體之美。」最高的美是畫家所無法表現的，因為它是難於直觀的。這是一種奇妙的美……把美的形貌與美的德行結合起來，美才會放射出真正的光輝。穿旗袍的女子，已經具備了形體之美，如果能經由閱讀提升德行，則是真正的美。同理，優雅從容的女子，一定是愛讀書、有深度的女子。試想一下，穿旗袍的女子，在書店背倚著一排排書架，領略浩瀚的知識之海；在書房，輕啜一口咖啡，脣齒間的香氣飄向文字；在圖書館，查閱一本本屬於自己的書，從清晨到暮色，忘記了時間在身邊流淌。這些情景，讓浸潤在旗袍文化中，又與書為伴的女子，無論身處何方，永遠是最美的那道風景。

很多讀書會在舉辦讀書活動時，女子們都穿著不同顏色、不同款式、不同面料的旗袍，端坐在書桌前，捧讀一本喜愛的書，或掩卷沉思，或低聲討論，動靜之間，找尋個體與集體讀書的樂趣，這是當今最流行的一種讀書方式。

旗袍與藝術

旗袍精緻的做工，藝術地再現了中國的傳統服飾，是中華服飾藝術的瑰寶，可以說，旗袍本身就是藝術的化身。旗袍這一藝術形式的再現，與其他來自於生活的藝術相輔相成，可謂協調共生。比如旗袍與音樂、戲劇、書畫、攝影、表演等，都密不可分，在藝術王國裡，旗袍像一條游來游去的魚，不息不

止，游刃有餘。

在音樂廳裡，臺上演奏著古箏曲的女子，穿著一襲典雅的旗袍，在江南水鄉的背景裡陶醉於曲調中，時而婉轉流暢，時而激流清越，悅耳的樂聲把全場的觀眾也帶入了水鄉的美景中。這時的旗袍，彷彿與彈奏的女子融為一體，聽樂聲，看佳人，不是在水一方，卻近在眼前，別有一番韻味。

有人說，旗袍是舞臺的藝術，戲劇舞臺上的旗袍總能在眾多的服飾中煥發出光彩。不僅因為戲劇人物的唱功和妝容俱佳，更因旗袍這一服飾的精緻，讓演員變得更加端莊，又於沉穩中變得嬌豔。她們穿著旗袍走在舞臺上，不管飾演哪一個角色，都會傾注自己的全部身心，演繹劇情的同時，彷如帶來一場旗袍的盛宴，為劇情增色，讓觀眾難忘。

電影裡的旗袍，最美不過王家衛導演的《花樣年華》。張曼玉飾演的蘇麗珍在影片中不斷地更換著旗袍，每一款都貼合主角的身材，在色彩的處理上更是凸顯了主角的心境，同時又彰顯了東方女子的風采。花樣年華，流逝的是歲月，觀眾們大部分已經忘記了劇情，可是卻記住了旗袍。

書法是傳承經典的藝術，追求的是厚重與凝練，如能潛心研習書法，定會增加自身的氣韻。屏心靜氣習練書法時所擁有的那一份與眾不同的心境，以及修身修心後的寧靜，與旗袍賦予女性的雅致從容，不謀而合。

有沒有想像過，在畫室的畫板前，一位女子穿著香雲紗的長款旗袍，正對著畫紙傾吐心聲，夕陽透過窗戶照在她的身上，形成了一幅剪影……。女畫家譚曉世不僅穿旗袍，而且畫

旗袍，她的畫裡都是穿旗袍的女子，畫裡畫外都是旗袍，畫家的旗袍情懷可見一斑。旗袍不僅是畫家青睞的服飾，更是畫家創作的源泉。景德鎮的瓷板畫世界聞名，瓷板畫中的旗袍人物更是令人歎為觀止，從構圖到色彩，沒有一處不是精心描繪，神態各異的旗袍女子，栩栩如生，堪稱民族藝術中的經典之作。

當旗袍遇上攝影，穿著旗袍的女子拍攝出來的照片與穿著普通服飾不同，面部的神韻與身上的旗袍相得益彰。是旗袍為攝影增色，還是攝影為旗袍女子留下了美妙難忘的瞬間，誰又能說得清呢？

著名攝影藝術家楊士忠老師有一幅作品，穿著旗袍的女子坐在荷葉上，灰綠色的裝扮，墨綠色的荷葉，清秀的女子，遠看是幅畫，近看卻是攝影作品。人們很難不產生疑問：女子是怎樣坐到荷葉上的？

其實這不是單純的攝影藝術，也不是單純的畫作，而是攝影與繪畫的完美結合。將穿旗袍的女子的神韻拍出來，又將荷葉的風骨畫出來，再將兩者天衣無縫地銜接在一起，讓水中倒映著女子與荷葉的影子，該是多麼富有意境！看到這裡，難免不產生一絲幻想，如果那個女子是自己該有多好！

觀看這樣的旗袍攝影作品，不僅被薰染了一絲絲藝術氣息，更在思維意識裡，將旗袍與攝影做為藝術創作中不可分割的一部分。

旗袍攝影，很多場景都選在室外，尤其秋色裡的高牆外，總是會出現這樣的情景：牆外的女子看著那些紅葉，心情惬

意，面露微笑；女子穿著綠色的旗袍，腰部以下是紅色的圖案，與秋天的紅葉相映成趣。背景雖然暗淡卻古香古色，紅綠相間的色彩，將人物的心情和秋天的景物描繪得淋漓盡致，美麗的女子和美麗的季節，生活難道不值得熱愛麼？

攝影的場景還可以選擇在長廊裡或者屋簷下，近處的池水，遠處的田園，都是拍攝旗袍照的好地方。簷下是一汪池水，清澈中帶著波紋，遠處是老式建築，曲徑迴廊，悠思懷遠。近處的漢白玉雕欄前，穿著旗袍的女子看著眼前的景物，微微一笑，溫婉可人。遠處的綠樹和近處紅色的廊簷勾勒出一幅風景畫，畫中的女子看著風景，人們卻看著畫中的女子，這情景交融的作品，註定成為精品。

旗袍攝影不僅可在室外取景，亦可在室內，人與物相融，效果絕佳。

一只品相上好的紫砂壺，放在楠木雕成的架子上，楠木椅上端坐著穿旗袍的女子，綠色條紋的旗袍，淳樸、潔淨。一枝藤蔓伸展過來，葉子上落著紅色的蝴蝶，背景處，是灰色的山巒。女子的安靜，山光的景致，再與綠色的旗袍、粉紅的妝奩、褐色的楠木椅相融合，怎麼看都是那麼和諧，美輪美奐。

古色古香的珠簾，古色古香的小桌，女子拿著一把小傘，輕輕地回眸，看著身前，想著心事……如果不仔細觀察，一定會以為這是一幅畫。人物的心境與景物的古色古香襯托著素色碎花旗袍，由內而外產生的美，令人無法抗拒。

以場景襯托人物，讓人物與情境相融，讓人產生聯想，進入一種無法複製的境界。一幅好的旗袍攝影作品，摒棄了單純

意義上的人物加景色，在保留人物這個根基的基礎上，景物被攝影師信手拈來，與旗袍和人物的心緒相得益彰，這才是旗袍與攝影藝術的完美結合。

旗袍與休閒

現代社會裡激烈的競爭，使生活的節奏加快，那些屬於舊日的詩意情趣曾經被慢慢地遺忘並遺失在浩瀚的時間長河中，隨著傳統文化的復甦與更新，許多簡約但富有儀式感的生活內容也隨之走入人們的日常。比如喝茶，比如喝咖啡，比如品紅酒等，這些與生活息息相關的休閒方式成為旗袍女子最青睞的內容。從透明的茶水裡尋找詩意的靈感，從咖啡的香氣中品味生活的苦與樂，從酒香氤氳中憧憬著未來，誰能說休閒只是渾渾噩噩的人生呢？

◎ 旗袍與品茶

喜愛旗袍的女子多喜歡品茶，經常在閒暇時光裡三五好友輕啜細飲，不僅懂得了茶對身體的保健作用，最重要的是做為愉悅身心的一種休閒方式。紅茶暖胃，綠茶解膩，白茶去脂，普洱瘦身，透明的茶水雖然裝在杯中，卻讓女子的心境更加晶瑩透亮。

品茶的地點可以在家裡，也可以在茶樓。居家，則穿上鍾愛的那一款旗袍，選擇室內溫暖的一隅，擺上茶桌，燒一壺滾開的水，放在自己喜歡的茶具裡，經過溫杯、濾茶、聞香之後，輕酌慢飲。此時，再打開一本書閱讀，或者放一段古箏

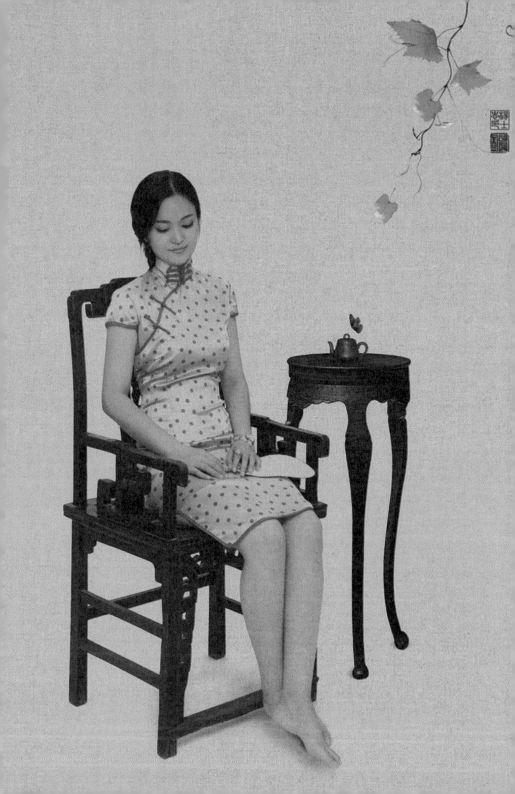

曲，不管是高山流水，還是漁舟唱晚，總會隨著茶香的升騰，慢慢地浸入身心的每一處角落，悠然回味中，亦真亦幻。此時，不單純是品茶，而是一種薰陶，將生活與人生完美地結合在一起，也不失為一種生活的藝術。

如果去茶樓品茶，穿著旗袍最為適宜。我們經常把品茶稱為喝功夫茶，女子身上的旗袍也須做工精細，合體得宜，也代表一種文化。雖然茶文化與旗袍文化的外在表現形式不同，但內涵相同。品茶，讓茶的清香流進了心裡，讓身體得到了滋養；穿旗袍，內心的美感得到了昇華，讓視覺變得清朗。

父親知道我喜歡喝茶，在我離家的時候，送我一套上好的茶具。我堅持不要，可是父親卻生氣地說：「我不是非要給你一套茶具，我是想給你留個紀念。」望著一年比一年容顏衰老的父親，我差一點流下眼淚。於是，我拎著這套茶具上了火車，精心地帶回到自己家裡，可是我卻捨不得使用，我是想穿旗袍的時候再用這套茶具品茶，如此才對得起父親的那一份莊重感。

小時候，生活條件非常艱苦，可是母親仍然為我們所有的棉衣都編結了盤扣釘上。我眼中時常浮現出母親坐在燈下編結盤扣的情景，那時父親很忙，不能時常陪伴家人，更沒有條件喝茶。每次看到那些盤扣，總能在心中漾起一絲幻想，如果時光能夠倒流，多麼希望母親在燈下編結盤扣的時候，父親能坐在母親的身邊一邊陪伴著母親，一邊品上一杯上好的茶呢？如今，他們年紀大了，母親已沒有精力再編結盤扣，父親因身體的原因也不能再喝茶，身邊溜走的那些歲月只能在茶香與盤扣

的回憶中懷念。

茶，本來是一片片的葉子，卻像精靈一樣滲透到人們的生活中，贈予清冽與清香的同時，也讓人們沉靜思考。旗袍，本來是一件衣飾，卻像親人一般給予女子暖意，提升著自己，也薰染著他人。品茶，讓友情、親情與愛情都在或濃或淡的茶汁裡呈現，穿著旗袍，更會在品茶之際，讓女子們品味茶文化帶來的心靈震撼，從而感悟生活、體味人生。不妨試著將茶文化與旗袍文化進行融合，充實的人生裡註定會多彩絢爛。

◎ 旗袍與咖啡

多年前我讀過一本書《世界咖啡之旅》，對盛產咖啡的地區有所瞭解，更對咖啡這種富有歐陸風情的飲品產生了特殊的情感。

傳統的東方旗袍與西方的咖啡，兩種文化的碰撞也會產生一絲火花。一件旗袍，一杯咖啡，不同的是性能：旗袍可以穿著，給人美感；咖啡是飲品，可以啜飲。然而，兩者卻擁有共同點，都代表著一種情懷，除了情懷，還是一種體驗。

原味的咖啡雖然很苦，卻有人喜歡它的味道，就像人們願意在斑駁的小巷裡探訪幽幽的古韻。旗袍的演變過程充滿了艱澀，在歷史的長河中見證了無數的事件與人物，與咖啡的苦遙相呼應，將積澱轉變成一種意境。與品茶不同，茶的清香留在脣齒間，過濾的是心情；咖啡的苦沁入心脾，在心間瀰漫開來的是一種思緒，有時懷舊，有時感傷，駐足的瞬間，稀釋出滿懷的憂思。

因此，喜愛旗袍的女子除了喜歡品茶，也很少有人能拒絕

咖啡。現磨的咖啡，能聽見咖啡豆在機器裡的聲音，再看自己的旗袍，好像旗袍師傅在剪裁中剪刀與布匹之間的摩擦聲，悅耳處，可與西洋樂器相媲美。耐心地等待咖啡端上來的過程中，從包裡拿出一本書慢慢地賞讀，或與好友輕聲細語，及至看到端上來的一杯咖啡，但見杯中的圖案，或心形，或樹形，一層薄薄的泡沫浮在杯中，棕色與白色相間，構成了一幅素雅的圖案。彷彿面對一幅藝術品，拿著小勺，卻無從下手。

友人在臨街的一座老房子裡開了間咖啡屋，房子是一九三〇年代的建築，古樸的三層小樓，木質的樓梯，復古的裝修風格，每每走進去，彷彿時間穿越回去。老唱機、古風琴、舊時的老物件，隨處可見，最多的還是那些靠著窗子擺放的書籍。這時穿著時尚的潮流衣飾走進咖啡屋，顯得那麼不合時宜，只有穿著旗袍的女子，才與這樣的裝飾風格和諧地融為一體。

暮色西沉，老街的燈光亮起，氤氳中彷彿回到了舊時光。影影綽綽中，聘請來的俄羅斯咖啡大師做出的花樣咖啡，吸引女子的視線，放下手裡的書，拿起小勺攪拌著杯中的咖啡，香氣立時瀰漫滿屋。生活的情調，也不過如此。

最心懷期待的是建成一家屬於自己的旗袍咖啡屋。選一處安靜的街角，開一家店，店裡除了旗袍與咖啡，其他概不出售。進到店裡，一側是旗袍展示櫃，一側是咖啡廳。精工細作的旗袍，織錦則閃光，真絲則美豔，棉麻則休閒，絲絨則華貴。來的女子可試穿旗袍，遇到可心處，帶走屬於自己的那一款旗袍；如果只欣賞旗袍，品嘗一杯咖啡，也未嘗不可。偶爾舉辦一次沙龍，給旗袍女子開闢一塊園地，聊旗袍，聊審美，

聊讀書，聊生活，此時，旗袍與咖啡成了女子們的話題，更是
一種文化的傳承。

◎ 旗袍與紅酒

　　經常看到企業家們定期舉辦活動的訊息，每一次酒會活
動，都稱之為紅酒品鑑會。在舉辦活動之前，每次發通知都會
寫上某年某月某日舉辦大型酒會，要求參加的男士著正裝、女
士穿旗袍出席，有時也非常疑惑，為什麼不要求女士穿其他禮
服出席呢？後來終於明白，企業家們喜歡女子的端莊和文雅，
也喜歡富有內涵的服飾，而旗袍正是能代表這樣一種內心世界
的典型服飾。

　　在酒會上，穿著旗袍的女子們走過的瞬間，雖然不像這些
女企業家們在平時的忙碌中，腳下款款生風，卻也能在文雅中
流露出幹練的氣質。而這些女子，是為社會做出了貢獻的一個
群體，誰能不尊敬她們呢？

　　穿旗袍品紅酒，不一定都去酒會，有時也可以約幾位好友
坐在家裡的餐桌邊。如果在冬季，可以圍上披肩；在夏季，可
以穿著舒爽的旗袍。幾位好友坐在一起品著紅酒，聊著喜歡的
話題，或者說著私密的話語，或者在一起讀讀書，或者在一起
聊聊自己的工作和生活。紅酒不僅在時光的烈焰中，也在女子
們日常的生活裡。

　　如果不喜喧囂，在獨處時光裡的思考，也可以自己端著一
杯紅酒，穿著旗袍坐在窗前，看著樓下的景物，開闊視野的同
時，思考一下自己的未來。此時，穿著旗袍的女子又是那樣的
閒適，輕輕抿一口紅酒，脣齒間流過的不僅是紅酒的液體，更

有酒文化的體驗。哪怕是最普通的一種酒，也能讓自己的身心舒展，何況紅酒可以調節神經，可以擴張血管，可以為心臟輸送一些能量呢？所以，每天喝一杯紅酒對於旗袍女子來說，不僅能舒緩心情，還有為健康著想的重要內容。

　　喜愛紅酒與旗袍，是熱愛生活的女子們的一種選擇，無論獨處還是聚會，都可以身心和諧、趣味盎然。

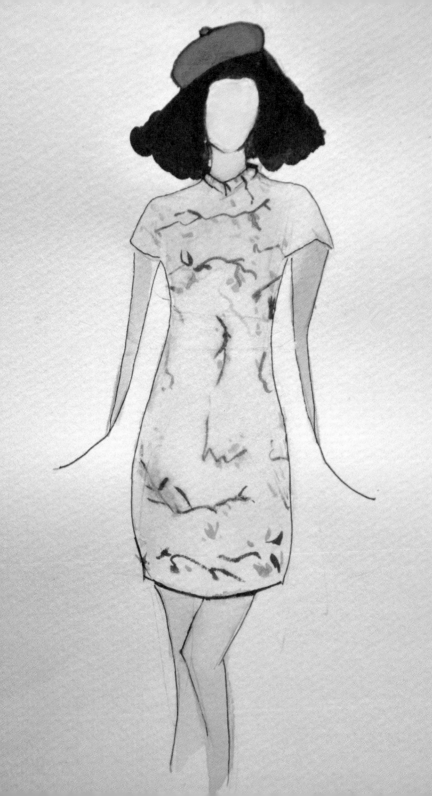

後記

　　終於寫完了這本書，卻有種意猶未盡的感覺。可能思考問題不夠周全，於我而言，雖然過程愜意，享受了寫作的樂趣，但對於讀者，尚有可以挑錯的空間。實話實說，我並不是旗袍方面的專家，充其量可算作一位旗袍迷，但是我身邊有很多朋友喜歡旗袍，有製作旗袍的，有銷售旗袍的，更有欣賞收藏旗袍的人士，耳濡目染，我也躍躍欲試。不僅喜歡穿旗袍，還收藏了一些旗袍，更在不斷思考旗袍文化的同時，儘量剖析著旗袍，試圖把旗袍的各個方面進行詳細的解讀。因為擁有旗袍，就像擁有一份情感，一定是經過深思熟慮，才能讓這份感情生根、開花、結果。

　　一直認為，服裝是做為女人的第二肌膚存在的，女人應該把自己打扮得更加莊重一些、文雅一些，才不枉稱女人。不管什麼場合，雖然不求豔壓群芳，但也能給人留下很深的印象。這個印象並不是浮躁與輕視，而是文雅中透露出的大家閨秀的氣質。無論年齡多大，都要讓自己看起來有一種內涵，所說的

氣場，大概就是這個意思吧！

　　做一個女人，一生註定要經歷很多的艱難，如何讓自己活得開心快樂，就需要自己進行調節。在愛惜身體的前提下，讓自己保持健康的身心；在愛護家人的前提下，給家人帶來幸福感；在開心的前提下，努力地充電學習，同時將自己裝扮得美麗大方、得體優雅，這是一個女人能為自己做的。

　　寫作這本書，可以讓穿旗袍的女子做為參考。從一個大致的層面上，簡略地寫出了應該如何去選擇旗袍，怎樣進行色彩搭配，旗袍的做工怎樣，以及日常生活中穿旗袍應該注意的事項等。雖然說明文體非我所長，寫作的過程艱難，但是能夠將這些文字奉獻給喜歡旗袍的女子，內心的快樂是無法用語言形容的。

　　做為女人，一生中總要擁有一件屬於自己的旗袍，無論何種面料或款式，無論何種顏色或長度。一生中總要穿一款自己的旗袍，這款旗袍一定要精心挑選、面料精良、色彩和諧、長短適宜。如此，才不愧對一個女人的一生。

　　在寫作這本書的時候，像所有喜愛旗袍的女子一樣，內心充滿了感恩。如果沒有編輯的策劃和鼓勵，以及對旗袍的認知，就沒有堅持寫完這本書的信心和勇氣，更不會克服在寫作期間遇到的各種困難。同時，還要感謝奉獻了一個暑假的休息時間、為這本書精心畫出每一張插圖的魯美小才女章瀠之，感謝精心攝製旗袍照片的著名攝影家楊士忠老師，感謝不辭辛勞地為本書提供圖片的璽贏文化服飾定製董事長章愛君女士，感謝瀋陽電視臺《詩樂遠方》晚會總導演楊松女士、主持人宮正

女士、王欣女士、傅蓉女士，以及照片中的各位主播和節目主持人對中華傳統服飾文化的傳承和對本書的大力支持，感謝推薦本書的新聞媒體及各行各業的友人，感謝為這本書的出版發行付出辛勤勞動的謝欣新女士、徐永杰先生及出版社的各位朋友！

　　每個女人一生中都要有一款屬於自己的旗袍，我覺得這本書非常貼近女性的生活，很多喜歡旗袍的朋友也都認同這一理念。相信每一位讀到這本書的女子，都會去關注那件屬於自己的旗袍，無論閒看風景，還是外出攝影；不論讀書還是品茶，都能穿上自己心儀的那一款旗袍。更重要的是，開心著，快樂著，由內而外地產生一種美，這才是生活的藝術。

柳迦柔

推薦語

　　這個多變快速的時代，連靈魂都趕不上自己的腳步。希望透過一件旗袍的緣分，女人有了靈性，而旗袍有了靈魂。

——世界旗袍聯合會 台灣總會會長　張莉緹

　　中華民族是禮儀之邦，自古以來崇尚服飾文化。研究旗袍文化，既是研究中國服飾文化，更是研究中華傳統文化。《你的旗袍，你的花樣年華》，為弘揚和傳承中華服飾文化做出了貢獻。

——北京 旗袍文化研究會會長　王延華

　　旗袍是中華女子最美的服飾，襯托出女子端莊、文雅的氣質，旗袍文化，需要我們去傳承，並在傳承中，讓服飾的美為生活增光添彩。

——黑龍江 旗袍會會長　吳小娟

旗袍的美是一種距離的美，一種靜止的典雅美。旗袍追隨著時代，承載著文明，顯露著修養，體現著美德，演化為天地間一道絢麗的彩虹。願旗袍連接起過去和未來，連接起生活與藝術，將美的憧憬、美的風韻灑滿人間！

——福建 旗袍會執行會長 鮑岸菲

一曲線條體現的不只是女人的端莊、優雅，更是東方文化方圓規矩下的格局。旗衣著身，舉於胸懷，止於步態，在都市的黃金分割線上落筆古香又不庸俗的一卷。

——瀋陽廣播電視臺著名節目主持人 宮正

年紀小的時候，只是羨慕別人能夠用完美的身材、成熟的韻味將旗袍的美演繹得淋漓盡致，自己並無太多感覺。隨著歲月的沉澱，越發強烈地感受到，沒有哪一種服飾能夠像中國旗袍那樣內斂含蓄、高貴飄逸。它不張揚，卻能夠於無聲處透出絕色風情。讓我們品讀迦柔的《你的旗袍，你的花樣年華》，著東方韻致華美旗袍，慢慢地變老……

——瀋陽廣播電視臺著名節目主持人 王欣

一位具有創作才華的奇女子，一本瞭解旗袍文化的攻略書，一本值得放在書櫃珍藏的書。

——影視製作人、作家、導演、監製、

全球旗袍人春晚創始人 高小敏

完美女人的三種角色：父親懷中的「公主」，異性眼中的「女神」，自己生活的「女王」。完美女人的一生必備：高跟鞋、婚紗、旗袍。

——《新智林生活禪》作者、資深文化專家 張國忠

從《旗袍藏美》到《你的旗袍，你的花樣年華》，柳迦柔女士以靈動飄逸的文字，彰顯了婉約唯美的旗袍文化，演繹出中國女子穿著旗袍時高雅迷人的東方神韻。

——中華瑰寶雜誌常務副總編輯 裴路

旗袍具有的傳統韻味和時尚之美，是東方文化的蘊意和傳承。窈窕淑女著之，古色天香，優雅大方，嫋嫋娉娉。如清水出芙蓉，似柳搖花笑，是氣質與高貴的完美結合。一個女人一生一定要穿一款自己的旗袍。

——上海普若律師事務所創始合夥人、主任 吳秋發

穿旗袍的女子懂禮儀，懂禮儀的女子溫婉而柔和，透過服飾展現女子的睿智與嫻雅，傳承的是中華傳統美德與現代文明。

——瀋陽全民閱讀協會常務副會長、
瀋陽禮儀文化協會祕書長 劉果明

穿旗袍的書香女子，從靈魂裡散發著清香，若相知，無需言。

──福建 作家協會會員、

福建祥鴻集團財務總顧問 楊麗

推薦人

友情推薦

愛新覺羅・恒飛　瀋陽飛森醫藥有限公司董事長

白清秀　瀋陽秀昌文創科技有限公司總經理、《今日遼寧網》
　　　　總編輯

陳智慧　當代陝西雜誌社陝西網品牌事業部總監

鄧　巍　遼寧國際文化教育交流協會會長

杜　橋　著名主持人、金話筒獲得者，朗誦藝術協會常務副主
　　　　席

范　軍　作家，《且歌且行》、《與海明威一起出海》作者

高　偉　瀋陽都市書刊發行有限公司總經理

故　鄉　作家，《花香有蝶吻》作者

韓　進　北京時代華文書局有限公司董事長、安徽作家協會副
　　　　主席

姜雲鷺　華府青創空間董事長、遼寧青創青年自媒體聯盟祕書
　　　　長

康志松　西安光中影視股份有限公司副總經理

孔　寧　獨立出版人

李　俊　上海香梅文化創意促進中心會長

梁　冬　編劇，中國電視藝術家協會會員

劉　波　浙江金華廣播電視總臺經濟臺《波長波短》節目主持
　　　　人

劉　奕　中國藝術節旗袍文化藝術基金主任、《東方錦韻》出
　　　　品人

劉文軍　遼寧省文化產業商會常務副會長，蔚藍火紅廣告公司
　　　　董事長

呂壯志　哈爾濱廣播電視臺總監

全秋生　中國文史出版社編輯

石　松　中國民主法制出版社總編室主任

史豔芳　遼寧電視臺一級導演

舒　瓊　南昌日報報業集團南昌晚報編輯部副總編輯

宋　暉　海峽都市報編輯記者

王　瑋　遼寧電影家協會副主席

王永華　中央新影國際微電影聯盟副理事長，新華影視傳媒董
　　　　事長

五瓣花　《西藏旅遊》雜誌執行主編

謝學芳　《樂活老年》雜誌總編輯

姚　晞　湖北新華書店（集團）有限公司工會副主席

尹　岩　拂石文化傳媒編審

於　悅　資深媒體人

譖小語　作家、評論人，《和金庸一起聊教育》作者
張　帆　永康影視文化工作室製片人
張　旺　瀋陽新華書店行銷策劃中心經理助理
張秀君　山西世紀星美文化傳播有限公司總經理
章愛君　瀋陽璽贏演出服飾有限公司董事長

團體推薦

白　洋　瀋陽廣播電視臺主播
傅　蓉　瀋陽廣播電視臺主播
宮　正　瀋陽廣播電視臺著名節目主持人
晉　然　瀋陽廣播電視臺主播
劉曉明　瀋陽廣播電視臺交通廣播節目主持人
王　欣　瀋陽廣播電視臺著名節目主持人
心　悅　瀋陽廣播電視臺主播
楊　松　瀋陽廣播電視臺導演
英　娜　瀋陽廣播電視臺主播
張　帥　瀋陽廣播電視臺主播
祝　賀　瀋陽廣播電視臺主播

你的旗袍，你的花樣年華

作　　　者	柳迦柔
發　行　人	林敬彬
主　　　編	楊安瑜
責　任　編　輯	游幼真
內　頁　編　排	菩薩蠻數位文化有限公司
封　面　設　計	菩薩蠻數位文化有限公司
編　輯　協　力	陳于雯、丁顯維

出　　　版	大旗出版社
發　　　行	大都會文化事業有限公司
	11051 台北市信義區基隆路一段 432 號 4 樓之 9
	讀者服務專線：（02）27235216
	讀者服務傳真：（02）27235220
	電子郵件信箱：metro@ms21.hinet.net
	網　　　址：www.metrobook.com.tw

郵　政　劃　撥	14050529　大都會文化事業有限公司
出　版　日　期	2018 年 02 月初版一刷
定　　　價	350 元
I S B N	978-986-95983-2-3
書　　　號	B180201

Metropolitan Culture Enterprise Co., Ltd.
4F-9, Double Hero Bldg., 432, Keelung Rd., Sec. 1,
Taipei 11051, Taiwan
Tel:+886-2-2723-5216　Fax:+886-2-2723-5220
Web-site:www.metrobook.com.tw
E-mail:metro@ms21.hinet.net

◎本書由機械工業出版社授權繁體字版之出版發行。
◎本書如有缺頁、破損、裝訂錯誤，請寄回本公司更換。

國家圖書館出版品預行編目（CIP）資料

你的旗袍，你的花樣年華 / 柳迦柔著. 一 初版.
— 臺北市：大旗出版；大都會發行，2018.02
192 面；14.8 x 21 公分
ISBN 978-986-95983-2-3（平裝）

1. 服飾習俗 2. 旗袍 3. 中國
538.182　　　　　　　　　　　　　107000441